# ¿Qué es la hermenéutica?

Jean Grondin

# ¿QUÉ ES LA HERMENÉUTICA?

Traducción de Antoni Martínez Riu

Herder

*Título original:* L'herméneutique
*Traducción:* Antoni Martínez Riu
*Diseño de la cubierta:* Claudio Bado

© 2006, *Presses Universitaires de France*
© 2008, *Herder Editorial, S.L., Barcelona*

1.ª edición, 3.ª impresión, 2017

ISBN: 978-84-254-2571-4

Cualquier forma de reproducción, distribución, comunicación pública o transformación de esta obra solo puede ser realizada con la autorización de sus titulares, salvo excepción prevista por la ley. Diríjase a CEDRO **(Centro de Derechos Reprográficos) si necesita reproducir algún fragmento de esta obra (www.conlicencia.com)**

*Imprenta:* Reinbook
*Depósito Legal:* B -29.294- 2008
*Printed in Spain*

Herder
www.herdereditorial.com

*A la memoria de mi padre (1925-2006),
Pierre Grondin*

# Índice

*Introducción*
    Lo que la hermenéutica puede ser . . . . . . . . .   13

I. *La concepción clásica de la hermenéutica* . . . .   21

II. *La aparición de una hermenéutica
más universal en el siglo XIX*
    1. Friedrich Schleiermacher (1768-1834) . . . .   27
    2. Wilhelm Dilthey (1833-1911) . . . . . . . . . . .   37

III. *El giro existencial de la hermenéutica
en Heidegger*
    1. Una hermenéutica de la facticidad . . . . . . . . .   45
    2. El estatuto de la hermenéutica
       en Ser y tiempo . . . . . . . . . . . . . . . . . . . . . . .   50
    3. Una nueva hermenéutica del comprender . . .   54
    4. Sobre el círculo de la comprensión . . . . . . . . .   58
    5. La última hermenéutica de Heidegger . . . . . .   60

IV. *La contribución de Bultmann al desarrollo
de la hermenéutica* . . . . . . . . . . . . . . . . . . . . . .   63

V. *Hans-Georg Gadamer: una hermenéutica del acontecer de la comprensión*

1. Una hermenéutica no metodológica de las ciencias del espíritu ................ 69
2. El modelo del arte: el acontecimiento de la comprensión ...................... 73
3. Los prejuicios, condiciones de la comprensión: la rehabilitación de la tradición ............ 77
4. El trabajo de la historia y su conciencia ..... 80
5. La fusión de los horizontes y su aplicación .. 83
6. El lenguaje, objeto y elemento de la realización hermenéutica ............ 86

VI. *Hermenéutica y crítica de las ideologías*

1. La reacción metodológica de Betti ......... 91
2. La aportación de Gadamer según Habermas ...................... 94
3. La crítica de Habermas a Gadamer ......... 97

VII. *Paul Ricœur: una hermenéutica del sí mismo histórico frente al conflicto de las interpretaciones*

1. Un recorrido arborescente ............... 104
2. Una fenomenología que se vuelve hermenéutica .......................... 109
3. El conflicto de las interpretaciones: la hermenéutica de la confianza y de la sospecha ...................... 112
4. Una nueva hermenéutica de la explicación y de la comprensión, inspirada en la noción de texto ............................... 115

5. La hermenéutica de la conciencia histórica .. 119
6. Una fenomenología hermenéutica del hombre capaz ...................... 123

VIII. *Hermenéutica y deconstrucción*

1. Deconstrucción, hermenéutica e interpretación en Derrida ............................. 127
2. El encuentro parisino entre Derrida y Gadamer ........................... 132
3. Las consecuencias del encuentro ........... 141
4. El último diálogo entre Derrida y Gadamer ........................... 144

IX. *La hermenéutica posmoderna: Rorty y Vattimo*

1. Rorty: adiós pragmatista a la noción de verdad ............................. 148
2. Vattimo: «en pro de» un nihilismo hermenéutico ......................... 155

*Conclusión*
Los rostros de la universalidad de la hermenéutica ..................... 161

*Bibliografía* ................................. 169

# Introducción

## Lo que la hermenéutica puede ser

*¿La koiné relativista de nuestro tiempo?*

Hace unos años, Jean Bricmont y Alan Sokal montaron una broma para denunciar la charlatanería que, a menudo, según ellos, hace estragos en las ciencias humanas. Presentaron un artículo lleno de absurdidades en la revista americana *Social Text*, título que sugiere que toda producción cultural o científica puede ser considerada un simple «texto social», una interpretación o una construcción ideológicas. El artículo se proponía demostrar que la física cuántica, a pesar de su pretensión de objetividad, no era más que una construcción social. Atiborrado con referencias a las ecuaciones de Einstein, pero también a los más eminentes maestros de la «deconstrucción» (Lacan y Derrida), fue aceptado y publicado. Los autores inmediatamente hicieron pública la superchería, lo suscitó no pocos alborotos en Francia.[1]

1. J. Bricmont y A. Sokal, *Impostures intellectuelles*,

Si esta polémica puede servirnos aquí de punto de partida es sólo porque el término «hermenéutica» figuraba en el título del artículo propuesto a la revista: «Transgredir las fronteras: hacia una hermenéutica transformativa de la gravedad cuántica». Que nadie se inquiete, la idea de una «hermenéutica transformativa», expresada en jerga, no remite a nada concreto. Pero al valerse del término «hermenéutica», los autores recurrían al uso de un término de moda que sirve a veces para describir el pensamiento contemporáneo «posmoderno» y relativista, el mismo que Bricmont y Sokal querían denunciar.

Verdaderamente, uno de los posibles sentidos del término «hermenéutica» puede ser el de designar un espacio intelectual y cultural en donde no hay verdad, ya que todo es cuestión de interpretación. Esta universalidad del dominio de la interpretación ha encontrado su primera expresión en el verbo explosivo de Nietzsche: «No hay hechos, sino sólo interpretaciones».[2] De esta hermenéutica relativista ha podido decir Gianni Vattimo que era ella la *koiné*, la lengua común, de nuestro tiempo.[3]

---

París, Odile Jacob, 1997 [trad. cast., *Imposturas intelectuales*, Barcelona, etc., Paidós, 1999]. El artículo enviado a la revista en 1996 lleva el título de «Transgressing the Boundaries: Toward a Transformative Hermeneutics of Quantum Gravity» [Transgredir las fronteras: hacia una hermenéutica transformativa de la gravedad cuántica].

2. F. Nietzsche, *Voluntad de poder*, n° 41.
3. G. Vattimo, «Hermenéutica: nueva *koiné*», en *Ética*

Y sin embargo, como no nos cansaremos de recordar, esta concepción se sitúa en las antípodas de lo que siempre ha querido ser la hermenéutica, a saber, una doctrina de la verdad en el dominio de la interpretación. La hermenéutica clásica ha querido, efectivamente, proponer reglas para combatir la arbitrariedad y el subjetivismo en las disciplinas que tienen que ver con la interpretación. Una hermenéutica consagrada a la arbitrariedad y al relativismo encarna, por pura consecuencia, el más claro contrasentido. No obstante, el recorrido que lleva de esta concepción clásica a la hermenéutica «posmoderna» no está desprovisto de lógica. Transcurre por caminos paralelos a una cierta ampliación del ámbito de la interpretación, pero que no necesariamente conducen al relativismo posmoderno.

## Tres grandes acepciones posibles de la hermenéutica

En su sentido más restringido y usual, el término «hermenéutica» sirve para caracterizar en la actualidad el pensamiento de autores como Hans-Georg Gadamer (1900-2002) y Paul Ricœur (1913-2005), que han desarrollado una filosofía universal de la

---

*de la interpretación*, Barcelona, etc., Paidós, 1991, págs. 55-71 (cap. 3).

interpretación y de las ciencias del espíritu que pone el acento en la naturaleza histórica y lingüística de nuestra experiencia del mundo. Por una parte, sus ideas han puesto su sello en buena parte de los grandes debates intelectuales que han jalonado la segunda mitad del siglo XX (estructuralismo, crítica de las ideologías, deconstrucción, posmodernismo), recepciones que forman también parte de lo que puede llamarse pensamiento hermenéutico contemporáneo. Por otra parte, las ideas de Gadamer, Ricœur y sus herederos apelan a menudo a la tradición más antigua de la hermenéutica, cuando ésta no designaba todavía una filosofía universal de la interpretación, sino sólo el arte de interpretar correctamente los textos. Pero como esta concepción más antigua es la que presupone siempre y discute la hermenéutica más reciente, es preciso tenerla en cuenta en una presentación de conjunto de la hermenéutica. Podemos así distinguir tres grandes acepciones posibles de la hermenéutica, que se han desplegado a lo largo de la historia, pero que continúan siendo absolutamente maneras de entender, del todo actuales y admisibles, la tarea hermenéutica.

1) En el sentido clásico del término, la hermenéutica designaba en otro tiempo el *arte de interpretar los textos*. Este arte se ha desarrollado sobre todo en el seno de las disciplinas que tienen que ver con la interpretación de los textos sagrados o canónicos: la teología *(hermeneutica sacra)*, el derecho *(hermeneutica juris)* y la filología *(hermeneutica profa-*

*na)*. La hermenéutica gozaba entonces de una función *auxiliar* en cuanto colaboraba en una práctica de la interpretación, que sobre todo necesitaba recurrir a la hermenéutica cuando se enfrentaba a pasajes ambiguos *(ambigua)* o chocantes. Tenía sobre todo una finalidad esencialmente normativa: proponía reglas, preceptos o cánones que permitían interpretar correctamente los textos. La mayoría de estas reglas se tomaban de la retórica, una de las ciencias fundamentales del *trivium* (con la gramática y la dialéctica) y en cuyo seno podían encontrarse a menudo reflexiones hermenéuticas sobre el arte de interpretar. Así sucede en Quintiliano (30-100), que trata de la *exégesis (enarratio)* en su *De institutione oratoria* (I, 9), pero sobre todo en san Agustín (354-430), que recopiló reglas para la interpretación de los textos en su tratado *Sobre la doctrina cristiana* (396-426), que ha marcado toda la historia de la hermenéutica.[4] Esta tradición conoció una importante renovación con el protestantismo que dio origen a numerosos tratados de hermenéutica, inspirados en su mayoría en la *Rhetorica* (1519) de Melanchton (1497-1560). Esta tradición que hacía de la hermenéutica una disciplina auxiliar y normativa en las ciencias que practican la interpretación, se mantuvo hasta Friedrich Schleiermacher (1768-1834). Aunque este último todavía forma parte de esta tradi-

---

4. Agustín, *Sobre la doctrina cristiana* (*Obras*, vol. XV), Madrid, Biblioteca de Autores Cristianos, 1957, págs. 49-349.

ción, su proyecto de una hermenéutica más universal anuncia una segunda concepción de hermenéutica que inaugurará sobre todo Wilhelm Dilthey (1833-1911).

2) Dilthey conocía bien la tradición más clásica de la hermenéutica, que él presupone siempre, y la enriquece con una nueva función: como la hermenéutica estudia las reglas y los métodos de las ciencias de la comprensión, puede servir también de fundamento metodológico para todas las ciencias del espíritu (humanidades, historia, teología, filosofía y lo que llamamos hoy «ciencias sociales»). La hermenéutica se convierte entonces en una *reflexión metodológica sobre la pretensión de verdad y el estatuto científico de las ciencias del espíritu*. Esta reflexión destaca sobre el trasfondo del éxito que han conocido las ciencias puras durante el siglo XIX, éxito en buena medida atribuido al rigor de sus métodos, aspecto en que las ciencias del espíritu se muestran muy deficitarias. Si las ciencias del espíritu quieren llegar a ser ciencias respetables, deben apoyarse en una metodología que la hermenéutica debe poner al día.

3) La tercera gran concepción ha nacido en gran parte como reacción a esta manera de entender la hermenéutica desde la metodología. Adopta la forma de una *filosofía universal de la interpretación*. Su idea fundamental (prefigurada en el último Dilthey) es que la comprensión y la interpretación no son únicamente métodos que es posible encontrar

en las ciencias del espíritu, sino procesos fundamentales que hallamos en el corazón de la vida misma. La interpretación se muestra entonces cada vez más como una característica esencial de nuestra presencia en el mundo. Esta ampliación del sentido de la interpretación es responsable del avance que ha conseguido la hermenéutica en el siglo XX. Este avance puede invocar dos paternidades: una paternidad anónima en Nietzsche (anónima porque él habló poco de hermenéutica) y su filosofía universal de la interpretación, y una paternidad más declarada en Heidegger, aun cuando este último defiende una concepción muy particular de la hermenéutica, en ruptura con las hermenéuticas clásica y metodológica: según él, la hermenéutica en principio nada tiene que ver con los textos, sino con la existencia misma, henchida ya ella misma de interpretaciones, pero que aquélla puede iluminar. La hermenéutica se encuentra entonces puesta al servicio de una filosofía de la existencia, llamada a despertarse a sí misma. Se pasa así de una «hermenéutica de los textos» a una «hermenéutica de la existencia».

La mayoría de grandes representantes de la hermenéutica contemporánea (Gadamer, Ricœur y sus epígonos) se sitúan en la estela de Heidegger, pero no han seguido su «vía directa» de una filosofía de la existencia. Han preferido más bien reanudar el diálogo con las ciencias del espíritu, más o menos abandonado por Heidegger. De este modo han restablecido la tradición de Schleiermacher y Dilthey, pero sin suscribir la idea según la cual la hermenéutica estaba en principio investida de una función metodológica. Su propósito es preferentemente desarrollar una mejor hermenéutica de las ciencias del espíritu, deslastrada del paradigma exclusivamente metodológico y que hace más justicia a la dimensión lingüística e histórica de la comprensión humana. Al adoptar la forma de una filosofía universal de la comprensión, esta hermenéutica acaba abandonando el terreno de una reflexión sobre las ciencias del espíritu y elevándose a una pretensión universal. Aquí veremos cómo esta universalidad puede revestir diversas formas.

# I

# La concepción clásica de la hermenéutica

El término *hermenéutica* vio la luz por vez primera en el siglo XVII cuando el teólogo de Estrasburgo Johann Conrad Dannhauer lo inventó para denominar lo que anteriormente se llamaba *Auslegungslehre (Auslegekunst)* o arte de la interpretación. Dannhauer fue de este modo el primero en utilizar el término en el título de una obra suya, *Hermeneutica sacra sive methodus exponendarum sacrarum litterarum*, de 1654, título que resume por sí solo el sentido clásico de la disciplina: hermenéutica sagrada, es decir, el *método* para interpretar (*exponere*: exponer, explicar) los textos sagrados. Si hay necesidad de recurrir a ese método, es porque el sentido de las Escrituras no goza siempre de la claridad de la luz del día. La *interpretación (exponere, interpretari)* es aquí el método o la operación que permite llegar a la *comprensión* del sentido, al *intelligere*. Es importante recordar este vínculo de finalidad entre interpretación y comprensión, porque esos términos tomarán a veces sentidos muy distintos en la tradición hermenéutica posterior, en Heidegger sobre todo.

El término *interpretación* viene del verbo griego *hermeneúein*, que posee dos significados importantes: designa a la vez el proceso de elocución (enunciar, decir, afirmar algo) y el de interpretación (o de traducción). En ambos casos, se trata de una transmisión de significado, que puede producirse en dos direcciones: puede (1) transcurrir del pensamiento al discurso, o bien (2) ascender del discurso al pensamiento. Hoy día sólo hablamos de interpretación para caracterizar el segundo proceso, que asciende del discurso al pensamiento que lo sostiene, pero los griegos pensaban ya la elocución como un proceso «hermenéutico» de mediación de significados, que designa entonces la expresión o la traducción del pensamiento en palabras. El término *hermeneía* sirve, además, para nombrar el enunciado que afirma alguna cosa. El segundo libro del *Organon* de Aristóteles, dedicado al enunciado, es un *Perí hermeneías*, que en latín se ha traducido por *De interpretatione*.

No se trata ahí ciertamente de la interpretación en el sentido en que la entendemos, es decir, como explicación del discurso que vuelve a su voluntad de sentido; al contrario, se trata de los componentes de la elocución misma, entendida ya como transmisora de sentido. Pero si la comprensión griega del término resulta esclarecedora es porque nos ayuda a entender que el proceso de interpretación debe, ni más ni menos, invertir el orden de la elocución, el que va del pensamiento al discurso, del «discurso interior» *(lógos endiáthetos)* al «discurso exterior» *(lógos prophorikós)*, como dirán magníficamente los estoicos.

Por tanto, podemos distinguir aquí el esfuerzo *hermenéutico* de explicación de sentido, que remonta del discurso exterior hacia su interior, del esfuerzo *retórico* de expresión, que precede a la tarea propiamente hermenéutica y le da todo su sentido: sólo podemos querer interpretar una expresión para comprender su sentido partiendo del supuesto de que quiere decir algo, que ella es la expresión de un discurso interior.

No es, por tanto, por azar que las principales reglas hermenéuticas provengan a menudo de la retórica, el arte del buen hablar, que se funda en la idea de que el pensamiento que se intenta comunicar debe ser presentado de una manera eficaz en el discurso. Y éste es el caso sobre todo de la importante regla hermenéutica del todo y las partes, según la cual las partes de un escrito deben comprenderse a partir del todo que constituye un discurso y de su intención general, que es la inversión de lo que Platón presenta como una regla de composición retórica en su *Fedro* (264c): un discurso debe estar compuesto como un organismo vivo en el que las partes están ordenadas al servicio del todo. Es obvio que la hermenéutica debe conocer bien las grandes figuras del discurso, los «tropos» de la retórica, si quiere interpretar correctamente los textos. Los grandes teóricos de la concepción clásica de la hermenéutica fueron casi siempre profesores de retórica.

Es el caso de san Agustín, a quien la retórica de Cicerón marcó profundamente. Antes de dedicarse a la teoría de la interpretación, la ejerció en la práctica. Encontramos en él muchas interpretaciones *(expositiones)* de los textos sagrados, sobre todo de las *Epístolas* y del *Génesis*, pero también en las *Confesiones* (cuyos tres últimos libros proponen una interpretación de los primeros versículos del *Génesis*). En su comentario literal del *Génesis*, reemprende la doctrina clásica, que se remonta a Orígenes (hacia 185-254) y a Filón de Alejandría (hacia 13-54), según la cual la Escritura contendría un cuádruple sentido: «En todos los libros santos, conviene inquirir qué cosas eternas *(aeterna)* se insinúen allí, qué hechos *(facta)* se narren, qué cosas futuras *(futura)* se anuncien, y qué preceptos se manda o amonesta deban cumplirse *(agenda)*».[1]

Pero para comprender estas verdades, estos hechos, los acontecimientos que han de venir y las máximas para la acción, son necesarias ciertas reglas *(praecepta)* de interpretación que Agustín presenta en su *De doctrina christiana*. Su principio fundamental es que toda ciencia trata o bien de cosas *(res)* o bien de signos *(signa)*. Hay que reconocer cierta-

---

1. Agustín, *Del Génesis a la letra* (*Obras*, vol. XV), Madrid, Biblioteca de Autores Cristianos, 1957, pág. 19.

mente la prioridad de las cosas respecto de los signos, porque el conocimiento de los signos presupone necesariamente el de las cosas designadas por ellos. El primer libro de *De doctrina christiana* se dedicará por consiguiente a la exposición de la «cosa» que quiere estar representada por el texto bíblico, a saber, el relato de la creación fundada en el Dios trinitario y la salvación que él propone.

Agustín distingue en este caso dos tipos de cosas, aquellas que sirven para gozar de ellas *(frui)*, que tienen su fin en sí mismas, y aquellas que se usan *(uti)* con miras a otro fin. Sólo las cosas eternas ofrecen un gozo real y su conocimiento está en relación con el Sumo Bien, el *summum bonum*. Según Agustín, el fin de la encarnación no era otro que enseñar esta diferencia, que se expresa en el principio del amor (que es ante todo el de Dios por su criatura). Agustín deduce de ahí un primer principio hermenéutico: hay que interpretar todos los textos en función de ese mandamiento del amor, que remite todo lo que es mudable a lo que es inmutable.

Los *dicta* (dichos) y *signa* (signos) de la Escritura deben comprenderse desde esta *res* esencial. Pero para entender de qué manera los signos remiten a esta *res*, es necesario estudiar las ciencias, sobre todo la gramática y la retórica. La retórica nos enseña a discernir los tropos, las figuras de estilo de la Biblia, y a distinguir entre sentido propio y sentido figurado. Las reglas, de inspiración retórica, del *De doctrina christiana* han servido de fundamento a toda la exégesis medieval. De nuevo sumamente aceptadas por los primeros grandes teóricos de la hermenéutica protestante (Melanchton, Flacio, Dannhauer), se mantuvieron hasta Schleiermacher, en quien la hermenéutica comienza a adquirir más amplias dimensiones.

# II

# La aparición de una hermenéutica más universal en el siglo XIX

*1. Friedrich Schleiermacher (1768-1834)*

Contemporáneo de los grandes pensadores del idealismo alemán, Fichte, Hegel y Schelling, pero más cercano al romanticismo de Friedrich Schlegel, Schleiermacher era a la vez un gran filólogo, un teólogo de primera línea, un filósofo y un teórico de la hermenéutica. Como filólogo, tradujo al alemán la totalidad de los diálogos de Platón, para los que redactó importantes introducciones que han marcado los estudios platónicos hasta nuestros días. Pero la fama le vino sobre todo por sus estudios en teología. Después de publicar sus influyentes discursos *Sobre la religión* en 1799, en los que defiende la idea de que la fe expresa un sentimiento de dependencia total (siguiendo una lectura subjetivista que por lo demás será característica de su teología pero también de su hermenéutica), fue nombrado profesor de teología en Halle, en 1804, antes de pasar a ser, en 1810, el primer decano de la Facultad de teología de la nueva Universidad de Berlín. Publicó una importante obra de dogmática sobre la fe cristiana *(Der christliche Glaube)* en 1821-1822. Pero Schleiermacher impartió también cursos de filosofía: tras su muerte, se publicaron su *Ética* (1836), su *Dialéctica* (1839) y su *Estética* (1842).

Pero, por supuesto, sólo puede interesarnos aquí en calidad de hermeneuta. Es importante recordar que Schleiermacher se formó en Halle, que había sido una prestigiosa sede de la hermenéutica en el siglo XVIII y donde habían enseñado antes que él los grandes maestros de la hermenéutica racionalista y pietista. Schleiermacher no sacó nunca a la luz una exposición sistemática de su hermenéutica. En vida no publicó más que el texto de dos discursos que pronunció en la Academia de Berlín en 1829: «Sobre el concepto de hermenéutica, según las sugerencias de F. A. Wolf y del tratado de Ast». Pero durante los años de su docencia, de Halle a Berlín, Schleiermacher dedicó numerosos cursos a esta materia. Un alumno suyo, G. Ch. Friedrich Lücke, inspirándose en los manuscritos del maestro, publicó en 1838 un resumen de las ideas de Schleiermacher con el título de *Hermeneutik und Kritik mit besonderer Beziehung auf das Neue Testament* (Hermenéutica y crítica, con especial relación con el Nuevo Testamento), título que le inscribe en la tradición clásica de la hermenéutica («crítica» designa aquí la disciplina filológica que se interesa por la edición crítica de los textos).

A semejanza de todos los grandes teóricos de la hermenéutica, Schleiermacher se inspira abundantemente en la tradición retórica. Al comienzo de su hermenéutica, se lee, efectivamente, que «todo acto de comprensión es la inversión de un acto de discurso en virtud de la cual ha de hacerse presente a la conciencia aquel pensamiento que se encuentra en la base del discurso».[1] Si es verdad que «todo discurso descansa sobre un pensar anterior»,[2] no hay duda de que la primera tarea del comprender es reconducir la expresión a la voluntad de sentido que la anima: «Se busca en el pensamiento aquello mismo que el autor ha querido expresar». La hermenéutica se entiende así como la inversión de la retórica.

De manera que «se trata de comprender el sentido del discurso a partir del lenguaje». «Todo lo que es preciso presuponer en hermenéutica –dirá Schleiermacher con un adagio destinado a una posteridad duradera– es el lenguaje».[3] Consagrada al lenguaje, la hermenéutica se divide en dos grandes partes: la interpretación gramatical, que abarca todo discurso a partir de una lengua dada y de su sintaxis, y la

---

1. F. Schleiermacher, *Hermeneutik und Kritik (HuK)*, ed. por M. Frank, Frankfurt, Suhrkamp, 1977, pág. 76; *Herméneutique*, trad. M. Simon, Ginebra, Labor & Fides, 1987, pág. 101; trad. C. Berner, París-Lille, Le Cerf-Presses Universitaires de Lille, 1987, pág. 114.

2. *HuK*, pág. 78; trad. Simon, pág. 102; trad. Berner, pág. 115.

3. *Herméneutique*, trad. Simon, pág. 57; trad. Berner, pág. 21.

interpretación psicológica (a veces llamada «técnica») que ve preferentemente en el discurso la expresión de un alma individual. Es evidente que el intérprete debe siempre partir del marco global de la lengua, pero no lo es menos que los hombres no piensan siempre lo mismo aunque usen las mismas palabras (lo cual es sobre todo verdadero de las creaciones geniales que enriquecen el tesoro de la lengua). Si no fuera así, «todo dependería de la gramática», suspira Schleiermacher.

La interpretación psicológica encarna sin duda el aspecto más original de Schleiermacher (Gadamer insistirá en esto, pero para criticar lo que considerará una deriva psicologizante que perdería de vista el objetivo de verdad de la comprensión). Si Schleiermacher le ha dado primeramente el nombre de interpretación «técnica», es porque tiende a comprender el arte (*téchne*) absolutamente particular de un autor, su virtuosidad característica.

La esperanza de Schleiermacher es desarrollar una «hermenéutica universal», que en su opinión todavía no existía: «La hermenéutica como arte del comprender no existe todavía en una forma general; sólo hay muchas hermenéuticas especiales».[4] Vemos contemplada aquí una hermenéutica general que no se limitaría a un sector preciso, como es el caso de las hermenéuticas especiales del *Nuevo Tes-*

---

4. *HuK*, pág. 75; trad. Simon, pág. 99; trad. Berner, pág. 113.

*tamento* o del derecho. Y si la hermenéutica debe adquirir un estatuto universal sólo puede hacerlo como arte general del comprender, *Kunst* (a menudo *Kunstlehre*) *des Verstehens*.

El acento que recae sobre el comprender es realmente nuevo, porque hasta este momento la hermenéutica se ha entendido como un arte de la *interpretación (ars interpretandi, Auslegungslehre)*, que debía llevar a la comprensión. Ahora es el acto de comprender en sí mismo lo que el arte debe asegurar, y en esa insistencia podemos reconocer el momento subjetivo ya presente en su teología del sentimiento.

Este acento se empareja con una temática propia de Schleiermacher, la de la universalización del fenómeno de la posible incomprensión. ¿Qué nos permite afirmar que una comprensión es correcta? Schleiermacher distingue a este respecto dos maneras bien distintas de entender la interpretación:

1) Una práctica *laxa* que «parte de la idea según la cual la comprensión se produce de por sí misma». Según ella, la incomprensión constituye más bien la excepción. Esta práctica de la hermenéutica «expresa el objetivo negativamente: hay que evitar el error en la comprensión». Podemos reconocer aquí la concepción clásica de la hermenéutica que hacía de ella una ciencia auxiliar a la que se recurría sólo para interpretar los pasajes ambiguos.

2) Una práctica *estricta* partiría, en cambio, «del hecho de que la incomprensión se produce de por

sí misma y que la comprensión debe ser absolutamente querida y buscada».[5]

Esta distinción entraña consecuencias importantes. La práctica laxa de la interpretación se asimila aquí a una práctica intuitiva, que no obedece a ninguna regla y a ningún arte. Pero presupone que la comprensión se produce de una manera espontánea. ¿Y si fuera la incomprensión lo natural y lo que debiera ser combatido en todo momento? Éste será el punto de partida de Schleiermacher. La comprensión, por consiguiente, deberá proceder totalmente de acuerdo con las reglas estrictas de un arte: «El trabajo de la hermenéutica no debe intervenir únicamente cuando la inteligencia se ve insegura, sino ya en los primeros comienzos de toda empresa que pretenda comprender un discurso».

Lo que requiere la hermenéutica, dirá Schleiermacher, es pues, «más método» *(die hermeneutischen Regeln müssen mehr Methode werden).*[6] Schleiermacher abre de este modo la vía a una concepción más decididamente metódica de la hermenéutica (que Gadamer también criticará), a fin de frenar el peligro de la incomprensión, potencialmente universal. La hermenéutica, a partir de ese momento, cesará de ocupar una función auxiliar para conver-

---

5. *HuK*, pág. 92; trad. Simon, págs. 111-112; trad. Berner, págs. 122-123.
6. *HuK*, pág. 84; adición, no traducida por Simon, pág. 106; tampoco por Berner, pág.118.

tirse en la condición *sine qua non* de toda comprensión digna de este nombre. Ella será, por tanto, en sentido estricto una *Kunstlehre*, la «doctrina de un arte» de comprender.

Por esta razón la operación fundamental de la hermenéutica o de la comprensión tomará la forma de una *reconstrucción*. Para comprender bien un discurso y contener la deriva constante hacia la incomprensión, debo poder *reconstruirlo* a partir de sus elementos, como si yo fuera su autor.

La tarea que incumbe a la hermenéutica será así «comprender el discurso igual de bien primero y luego mejor que su autor», de acuerdo con una máxima repetida a menudo por Schleiermacher (con variantes). Esta máxima la utilizó indudablemente por vez primera Kant que, en su *Crítica de la razón pura*, decía que «no hay nada sorprendente en que se pueda entender a Platón mejor de lo que él se comprendió, "porque no precisó suficientemente su concepto"» (A 314 / B 370). Schleiermacher lo convertirá en un principio general de su hermenéutica que se ajustará así a la vía de una explicación genética: comprender quiere decir en adelante «reconstruir la génesis de...» (vena genética y de orientación psicológica, que caracterizará además las interpretaciones que comenzarán a florecer en el siglo XIX). La idea viene del idealismo alemán: se comprende algo cuando se capta su génesis, a partir de un primer principio. Para el romántico Schleiermacher ese primer principio es la decisión germinal del escritor. Schleiermacher le da de este modo un giro psicológico a la hermenéutica. En sus discursos de 1829, dirá que «la tarea de la hermenéutica consiste en reproducir lo más perfectamente posible todo el proceso de la actividad de componer del escritor».[7]

Aunque permanece fiel a su vocación clásica, centrada en la interpretación de los textos, la hermenéutica adquiere en Schleiermacher una dimensión más universal.

Un primer momento de universalidad se anuncia en el proyecto de una *hermenéutica general* que debería preceder, en concepto de arte del comprender, a las hermenéuticas especiales consagradas a tipos de textos específicos (es la versión de la universalidad que defiende Schleiermacher). Pero una segunda forma de universalidad hace acto de presencia en la idea según la cual la hermenéutica debe poder aplicarse a *toda* comprensión correcta. De acuerdo con la práctica rigurosa de la interpretación que él preconiza, Schleiermacher, como romántico que sabe que uno puede quedar siempre prisionero de sus propias representaciones, universaliza aquí el riesgo de la posible incomprensión. Y esta universalización conduce a una inteligencia más metódica y más reconstructora de la tarea hermenéutica. Un tercer elemento de la universalidad puede discernirse en la idea, desarrollada en los discur-

---

7. *HuK,* pág. 321; trad. Simon, pág. 186; trad. Berner, pág. 167.

sos de 1829, según la cual la hermenéutica no debe limitarse sólo a los textos escritos, sino que debe poder aplicarse igualmente a *todos* los fenómenos de comprensión: «La hermenéutica no debe limitarse simplemente a las producciones literarias; porque yo mismo me sorprendo a menudo, en el transcurso de una conversación familiar, llevando a cabo operaciones hermenéuticas [...]; la solución del problema, que es la razón por la cual estamos precisamente buscando una teoría, no está de ningún modo vinculada al hecho de que el discurso permanezca fijo ante los ojos por la escritura, sino que surgirá dondequiera tengamos que percibir pensamientos o sucesiones de pensamientos a través de las palabras».[8]

De ahora en adelante todo puede convertirse en objeto de hermenéutica. Esta universalización va acompañada de una ampliación de la extrañeza. Si el discurso hablado no estaba incluido en el alcance de la hermenéutica clásica, era precisamente porque era contemporáneo, inmediatamente presente y, por ello, directamente inteligible. Sólo el discurso escrito, y más en particular el de autores antiguos y lejanos, suponía un elemento de extrañeza que requería una mediación hermenéutica.

Schleiermacher universaliza esta dimensión: el discurso del otro, incluido el de quien me es contemporáneo, encierra siempre un momento de extra-

---

8. *HuK*, pág. 314; trad. Simon, pág. 177; trad. Berner, pág. 159.

ñeza. La primera condición de la hermenéutica, en efecto, es que algo que resulta extraño debe ser comprendido, según una idea que Schleiermacher toma de Friedrich Ast. Esta problemática, si no es ya una aporía, lleva a Schleiermacher a abordar la cuestión del círculo del todo y las partes (que más tarde dará origen al «círculo hermenéutico»). Schleiermacher conocía bien esta regla, retórica y hermenéutica a la vez, del todo y las partes, pero se pregunta expresamente «hasta dónde podemos llegar usando esta regla».[9] Y es que esta regla puede extenderse hacia horizontes de sentido cada vez más universales: una frase debe entenderse a partir de su contexto, éste debe entenderse a partir de la obra y de la biografía de un autor, el cual a la vez debe ser entendido a partir de su época histórica, época que no puede entenderse sino desde el conjunto de la historia. Poco antes de Schleiermacher, el hermeneuta Ast,[10] alumno de Schelling, había efectivamente reconocido a esta regla una aplicación infinita: es necesario comprender el Espíritu de una época si se quiere interpretar una obra. Schleiermacher, por su parte, se mostrará deseoso de limitar la «potencialización» del círculo del todo y las partes. Le impondrá balizas, objetivas y subjetivas. Desde el punto de vista objetivo, dirá, la obra ha de entenderse primero a

9. *HuK*, pág. 330; trad. Simon, pág. 194; trad. Berner, pág. 174.
10. F. Ast, *Les principes fondamentaux de la grammaire, de l'herméneutique et de la critique*, Landshut, 1808.

partir del género literario del que forma parte. Pero desde el punto de vista subjetivo, una obra es también el acto de un autor, constituye una parte del conjunto de su vida, por lo que el conocimiento de ésta ha de iluminar la comprensión de aquella.

## 2. Wilhelm Dilthey (1833-1911)

La hermenéutica, que todavía en Schleiermacher se entendía en gran parte como una disciplina filológica, en Dilthey recibirá un sentido más metodológico. Entendemos aquí por metodología una reflexión sobre los métodos constitutivos de un tipo de ciencia. El problema de una justificación metodológica de las ciencias del espíritu todavía no estaba presente en Schleiermacher. Cobró urgencia sólo en la segunda mitad del siglo XIX ante el prodigioso éxito que consiguieron las ciencias exactas, cuya metodología habría propuesto Kant. En aquella época a Kant se le percibía como aquel que habría dado un golpe fatal a la metafísica tradicional, ciencia imposible de lo suprasensible, y el que habría transformado la filosofía en una metodología de las ciencias exactas. Pero, ¿cuál era la situación de las ciencias del espíritu, la historia y la filología sobre todo, que también habían conocido un desarrollo innegable en el siglo XIX? Si eran ciertamente ciencias, debían apoyarse en métodos en los que fundamentar su rigor. Ésta es la reflexión metodológica que Dilthey espera realizar bajo la consigna, de inspiración kantiana, de una «crítica de la razón histórica». Dilthey presenta su proyecto en el primer tomo de su *Introducción a las ciencias del espíritu* de 1883, que fue el único tomo aparecido en vida de su autor. Situándose bajo el patrocinio de una «crítica de la razón histórica», cien años después de la *Crítica de la razón pura* de Kant, Dilthey promete llevar a cabo en esa obra una fundamentación «lógica, epistemológica y metodológica» de las ciencias del espíritu. Se propone en ella fundamentar las ciencias del espíritu en categorías que les sean propias (lógica), en una teoría del conocimiento (epistemología) y en una teoría del método específico. Dilthey lucha entonces contra dos grandes adversarios: por una parte, contra el positivismo empírico de Auguste Comte o de John Stuart Mill, los cuales sostienen que no hay métodos específicos en las ciencias del espíritu y que éstas deben recuperar el método de las ciencias de la naturaleza si quieren ser verdaderas ciencias; por otra parte, contra la «metafísica de la historia» de la filosofía idealista, la de Hegel en particular, que pretendía reconstruir *a priori* el curso de la historia de acuerdo con las exigencias de su sistema filosófico. Más o menos como había hecho Kant luchando contra el escepticismo empírico de Hume y contra la metafísica visionaria, Dilthey intentará conducir la nave de la razón histórica entre los dos escollos del positivismo y el idealismo.

Para fundar la especificidad metodológica de las ciencias del espíritu, Dilthey se inspira en la distinción del historiador Droysen (1808-1884) entre «explicar» *(Erklären)* y «comprender» *(Verstehen)*. Mientras que las ciencias puras buscan explicar los fenómenos a partir de hipótesis y leyes generales, las ciencias del espíritu quieren comprender una individualidad histórica a partir de sus manifestaciones exteriores. La metodología de las ciencias del espíritu será de esta manera una metodología de la comprensión.

Recordaremos que ese término de comprensión y la idea de una teoría general del comprender desempeñaban una función importante en el pensamiento de Schleiermacher. Entre sus muchos méritos, Dilthey tenía también el de ser un consistente conocedor de la obra de Schleiermacher. Después de defender una tesis de doctorado sobre su ética en 1864 y haber escrito un importante estudio sobre su «sistema hermenéutico» en 1867 (que no se publicó hasta 1966), publicó una voluminosa biografía de Schleiermacher en 1870. Si la hermenéutica queda muy desatendida en su *Introducción a las ciencias del espíritu* de 1883, ocupa en cambio un lugar de primer orden en un esclarecedor estudio de 1900, que inicia el siglo de la hermenéutica, sobre «El origen de la hermenéutica». Dilthey traza en él a grandes rasgos la historia de una disciplina todavía muy desconocida del gran público y de la cual Schleiermacher, según él, habría sido el mayor teórico, pero él le confiere una misión nueva, vinculada al gran problema de la metodología de las ciencias del espíritu:

> Ahora nos enfrentamos con la cuestión del conocimiento científico de las personas individuales y hasta de las grandes formas de la existencia humana en general. ¿Es posible semejante conocimiento y de qué medios disponemos para alcanzarlo? [...] Y si es cierto que las ciencias sistemáticas del espíritu derivan de esta captación objetiva de lo singular relaciones legales singulares [...], los procesos de comprensión e interpretación siguen siendo su fundamento. Por tal razón, estas ciencias, lo mismo que la historia, dependen en su seguridad del hecho de si será posible elevar la comprensión de lo singular a validez universal.[11]

A esta cuestión precisamente promete responder la hermenéutica, entendida como «el arte de la interpretación de las manifestaciones vitales fijadas por escrito». El objetivo de la interpretación es *comprender* la individualidad a partir de sus signos externos: «Al proceso por el cual, partiendo de signos que se nos dan por fuera sensiblemente, conocemos una interioridad, lo denominamos *comprensión*». Este interior que se intenta conocer corresponde al sentimiento vivido *(Erlebnis)* del autor, sentimien-

---

11. W. Dilthey, «Orígenes de la hermenéutica», en *El mundo histórico*, México, Fondo de Cultura Económica, 1944, pág. 321.

to que no es accesible directamente, sino sólo por signos externos. El proceso de la comprensión consiste en «re-crear» en uno mismo el sentimiento vivido por el autor, partiendo de sus expresiones. Ascendiendo de una expresión hasta la *Erlebnis*, del exterior a su interior, la comprensión invierte el proceso creador, por la misma razón por la que la tarea hermenéutica de la interpretación podía verse como la inversión del acto de expresión retórica. La tríada de lo vivido, la expresión y la comprensión aparecía a partir de ahí como el componente esencial de la hermenéutica de las ciencias humanas. Si esto era así, la hermenéutica podía ser investida con una nueva tarea: «Frente a la irrupción constante de la arbitrariedad romántica y de la subjetividad escéptica en el campo de la historia», Dilthey sugiere que el *papel esencial* de la hermenéutica será «fundar teóricamente la validez universal de la interpretación, sobre la que descansa toda la seguridad de la historia».[12]

Este punto de vista seguirá siendo por mucho tiempo un programa en la obra de Dilthey, pero la idea de que podía servir de base metodológica a las ciencias del espíritu le confirió a la hermenéutica una pertinencia y una visibilidad verdaderamente nunca conocidas anteriormente. Hasta entonces, pensadores de la importancia de Emilio Betti y E. D. Hirsch habían visto todavía en la hermenéu-

---

12. *Ibid.*, págs. 322 y 336.

tica una reflexión metodológica sobre el estatuto científico de las ciencias del espíritu. Para ellos, una hermenéutica que renunciara a esa tarea perdería toda razón de ser.

Pero una idea más en la obra última de Dilthey iba a propulsar lo esencial de la herencia hermenéutica en una dirección muy distinta. Se trata de la idea según la cual la comprensión que se desarrolla en las ciencias del espíritu no es más que la prolongación de una búsqueda de comprensión y de formulación que ya caracteriza a la vida humana e histórica como tal. «La vida se articula ella misma», dirá Dilthey, a través de múltiples formas de expresión que las ciencias del espíritu intentan comprender recreando lo vivido, de donde ellas brotan. Asentada sobre una filosofía universal de la vida histórica, la intuición de fondo de Dilthey, cargada de consecuencias, es que la comprensión y la interpretación no son solamente «métodos» propios de las ciencias del espíritu, sino que traducen una búsqueda de sentido y de expresión, más originaria aún, de la vida misma.

Este carácter «hermenéutico» de la vida no hizo más que confirmarse con las ideas desarrolladas casi al mismo tiempo por el último Nietzsche en su filosofía universal de la voluntad de poder, para la cual no hay hechos, «sino sólo interpretaciones». Lo que se perfila en Nietzsche, como en los últimos trabajos de Dilthey, es un nuevo rostro de la universalidad de la hermenéutica o del dominio interpretativo, pero que parece precisamente poner en cuestión el sueño diltheyano de una fundación epistemológica de las ciencias del espíritu. Para la mayor parte de los herederos de Dilthey (Heidegger y Gadamer), este sueño se mostrará incompatible con el carácter fundamentalmente histórico de la vida, hacia donde desembocaban los últimos trabajos de Dilthey. Este carácter obligará a la hermenéutica a hacer frente a nuevos desafíos.

# III

# El giro existencial de la hermenéutica en Heidegger

Después de haber sido hasta el siglo XVIII un arte de la interpretación de los textos, luego una metodología de las ciencias del espíritu en el XIX, la hermenéutica se convertirá en algo totalmente distinto en el siglo XX, en una «filosofía», pero también en un término cada vez más en boga. Así sucede primeramente en el seno de la escuela de Dilthey, donde su alumno Georg Misch se esfuerza en desarrollar una «lógica hermenéutica», que quiere mostrar que las categorías fundamentales de la lógica y de la ciencia hunden sus raíces en una búsqueda de la comprensión de la vida misma. Se trata de una lógica que Misch presentó en sus cursos, que no salieron a la luz hasta muy recientemente[1] y no han desempeñado más que un modesto papel en la transmisión del pensamiento hermenéutico.

1. G. Misch, *Der Aufbau der Logik auf dem Boden der Philosophie des Lebens* [La edificación de la lógica sobre la filosofía de la vida], Friburgo-Múnich, Alber, 1994.

Sin ser el único, y en consonancia ya con las ideas de su época, Martin Heidegger (1889-1976) es sin duda el principal artífice de esta transformación filosófica de la hermenéutica, convertida totalmente en una forma de filosofía. Con Heidegger, la hermenéutica cambiará de objeto, de vocación y de estatuto. Cambiará primero de *objeto* al no remitirse ya a los textos o a las ciencias interpretativas, sino a la existencia misma; se puede hablar, por consiguiente, de un giro existencial de la hermenéutica. Cambiará también de *vocación*, porque la hermenéutica no se comprenderá ya en sentido técnico, normativo o metodológico. Tendrá una función más fenomenológica, más «destructora» en el sentido liberador del término, que deriva de su cambio de *estatuto*: será no solamente una reflexión que *se funda en* la interpretación (o en sus métodos); será también el cumplimiento de un proceso de interpretación que se confundirá con la filosofía misma.

## 1. Una hermenéutica de la facticidad

Se ha subrayado poco, pero Heidegger fue de hecho el primero en otorgar a la hermenéutica el título de filosofía cuando presenta su pensamiento, en el enunciado de uno de sus cursos de 1923 (que él citará en *Ser y tiempo* y todavía en 1959), como una «hermenéutica de la facticidad». La facticidad designa aquí la existencia concreta e individual que no es primeramente para nosotros un objeto, sino una aventura a la que hemos sido lanzados y a la que podemos prestar atención de una manera expresa o no.

La idea de una hermenéutica de la facticidad, como la de una hermenéutica de la existencia en *Ser y tiempo* de 1927, implica un precioso doble sentido, de acuerdo con el doble sentido del genitivo, por cuanto el genitivo en «el miedo del enemigo» *(metus hostium)* puede designar tanto el miedo que nosotros tenemos del enemigo (gen. objetivo) como el miedo que el enemigo nos tiene a nosotros (gen. subjetivo).

En sentido objetivo, hermenéutica de la facticidad quiere decir la filosofía que tiene por objeto la existencia humana, comprendida de manera radical como *ens hermeneuticum*, como «ser hermenéutico». Esta concepción más bien amplia de la hermenéutica proviene de tres fuentes: 1) Procede en parte de Dilthey y de su idea según la cual la vida es en sí misma intrínsecamente hermenéutica, es decir, orientada a interpretarse a sí misma. 2) Ha recibido también la marca de la concepción de la intencionalidad en Husserl, según la cual la conciencia vive de por sí en el elemento de la búsqueda de sentido, percibiendo siempre el mundo desde la perspectiva de una compresión constituyente. 3) Su inspiración proviene en última instancia, de la filosofía cristiana de Kierkegaard, que ya había hablado de la elección ante la cual se ve emplazada la existencia que debe decidir la orientación de su ser, elección que presupone que la existencia es un ser de interpretación.

Pero en el sentido subjetivo del genitivo, el proyecto de una hermenéutica «de» la facticidad sugiere que esta interpretación debe ser efectuada por la existencia misma. Dicho de otro modo, el filósofo –o el autor de la hermenéutica de la facticidad– no ha de sustituir a la existencia misma. A lo sumo puede elaborar «indicaciones formales» que permitirán a la existencia apropiarse de sus propias posibilidades de existencia. Pero incumbe a la existencia misma elaborar la hermenéutica de su propia facticidad, que en cierto sentido practica de manera más o menos *inconsciente* al vivir ya en el seno de determinadas interpretaciones. Esta posibilidad de elucidación se funda en lo que la existencia es: un espacio abierto que no está integralmente regulado por el orden de los instintos, sino que puede determinar su orientación vital fundamental y liberarse de las interpretaciones «alienantes» de su ser.

La facticidad designa de este modo en Heidegger el «carácter de ser» fundamental de la existencia humana y de lo que él llamará también *Dasein*, esto es, «el-ser-ahí», este ser que es cada vez el mío, que para mí no es ante todo un «objeto» que esté delante de mí, sino una relación consigo mismo en la modalidad de la preocupación y la inquietud radical. Para el acceso a esta facticidad, la elección del término de hermenéutica no es azarosa. Se funda en la facticidad misma, subraya Heidegger. Porque la facticidad, a un mismo tiempo, 1) es susceptible de interpretación; 2) espera y necesita interpretación, y 3) es vivida siempre desde una determinada interpretación de su ser.

Sólo que la facticidad lo olvida fácilmente, olvidándose también a sí misma. La tarea de la hermenéutica de la facticidad, en el sentido del genitivo objetivo, será a partir de ahí recordarle a la facticidad su facticidad, sacarla del olvido de sí. Es una hermenéutica de «ataque» que apunta a la facticidad de cada uno: «La hermenéutica tiene la labor de hacer el existir *[Dasein]* propio de cada momento accesible en su carácter de ser al existir *[Dasein]* mismo, de comunicárselo, de tratar de aclarar esa alienación de sí mismo de que está afectado el existir *[Dasein]*».[2]

Se trata, en otros términos, de despertar la existencia a sí misma: «El tema de la investigación hermenéutica es, en cada ocasión, el existir propio, cuestionado, justamente por ser hermenéutico, acerca de su carácter de ser con vistas a configurar una atención [= *Wachheit*, un despertarse] a sí mismo bien arraigada».[3] Se percibe aquí la distancia que separa a Heidegger de la hermenéutica clásica: la herme-

---

2. M. Heidegger, *Ontologie. Hermeneutik der Faktizität* (semestre de verano de 1923), *Gesamtausgabe (=GA)*, vol. 63, Frankfurt, Klostermann, 1988, pág. 15 [trad. cast., *Ontología: Hermenéutica de la facticidad*, Madrid, Alianza, 1999, pág. 33].

3. *Ibid.*, pág. 32 [trad. cast., *Ontología*, pág. 34].

néutica ya nada tiene que ver con los textos, ¡tiene que ver con la existencia individual de cada uno para contribuir a despertarla a sí misma!

Puesto que se trata de zarandear la existencia, es necesario «destruir» las interpretaciones que la mantienen en un estado de adormecimiento: «La hermenéutica, pues, cumple su tarea sólo a través de la destrucción». Si hay necesidad de destruir se debe a que la existencia intenta evitarse a sí misma. Atenazada por el deseo de sí misma, ansía deshacerse de esa inquietud radical que ella es para sí misma. La existencia busca calmarse, evitarse, sucumbiendo de este modo a la «decadencia» que la sigue como su sombra.[4] Y así es como la existencia sucumbe por sí sola a la mediocridad dictada por el «se» y la opinión pública.

Una vez más Heidegger no tiene realmente otro modelo más edificante que proponer a la existencia concreta. Le recuerda sólo que de alguna manera cesa de existir cuando ella se abandona y descuida tomarse «en mano». A esta existencia inauténtica Heidegger opone el ideal de autenticidad que mora ya en la existencia en cuanto espacio abierto capaz de determinar la interpretación de su ser. No se trata, pues, de proponer una nueva moral, sino de invi-

---

4. Véase M. Heidegger, *Interprétations phénoménologiques d'Aristote*, Mauvezin, TER-Repress, 1992, págs. 19 y 23 [trad. cast., *Interpretaciones fenomenológicas sobre Aristóteles: indicación de la situación hermenéutica: informe Natorp*, Barcelona, Trotta, 2002, págs. 38 y 51].

tar al *Dasein* a ser lo que es, un ser que puede estar «ahí» donde se toman las decisiones fundamentales que le van a su ser, pero que las más de las veces está en otra parte, distraído, lejos de sí.

## 2. *El estatuto de la hermenéutica en* Ser y tiempo

El programa hermenéutico de 1923 se reanudará en la obra capital de 1927, pero se pondrá al servicio de una ontología fundamental. La filosofía se concibe aquí, en efecto, como *ontología* porque su primera cuestión es la pregunta por el ser. Según Heidegger, la pregunta es prioritaria por diversas razones: 1) Parece en primer lugar fundamental en ciencia porque todo conocimiento y toda relación con un objeto descansan sobre una cierta comprensión del ser del que se trata (el ser es de alguna manera presupuesto en toda investigación científica, pero su dilucidación incumbe propiamente a la filosofía). 2) En un sentido todavía más fundamental, la pregunta por el ser se revela como algo urgente para la existencia misma, si ha de ser verdad que ésta se caracteriza «porque es un ente al que le va su ser». No hay, por tanto, pregunta más esencial para la filosofía. Sólo que esta cuestión hoy «ha caído en el olvido», como declara la primera línea del libro de 1927.

Hay que buscar por tanto una nueva manera de abordarla. A este fin, Heidegger propone seguir el método fenomenológico. Este método se caracteriza primeramente por un sentido restrictivo: todo lo que se diga de los fenómenos deberá ser objeto de una legitimación directa. Pero lo enojoso con el ser es que no se muestra, dado que el problema se ha dejado de lado en la actualidad y se ha sustituido por la problemática de la teoría del conocimiento. Lo que la fenomenología deberá hacer ver, dirá Heidegger, es lo que de antemano no se muestra, sino que requiere ser puesto en evidencia. «¿Qué es eso que la fenomenología debe "hacer ver"? [...] Evidentemente, aquello que de un modo inmediato y regular precisamente *no* se muestra, aquello que queda *oculto* en lo que inmediata y regularmente se muestra, pero al mismo tiempo es algo que esencialmente pertenece a lo que inmediata y regularmente se muestra, hasta el punto de constituir su sentido y fundamento».[5] La fenomenología será de este modo la vía que permite tener acceso al ser, comprendido como el fenómeno fundamental, por más que no se muestre debido al olvido del ser.

Pero, ¿cómo hacer ver lo que no se muestra pero constituye el objeto de la ontología? Heidegger resuelve el dilema apelando a la hermenéutica, es decir, a la hermenéutica de la existencia. La fenomenología tomará de este modo un «giro hermenéutico». Los comentarios que Heidegger dedica a

---

5. M. Heidegger, *Ser y tiempo*, trad. J. E. Rivera, Santiago de Chile, Editorial Universitaria, 1997, pág. 58 (SZ, pág. 35).

las nociones de fenomenología y de hermenéutica sugieren con fuerza que la disimulación del fenómeno del ser es el resultado de un encubrimiento que no tiene nada de inocente. Ese encubrimiento se funda, en efecto, en una autodisimulación de la existencia que, al ocultar la pregunta por el ser, busca sobre todo la huida de su ser finito y mortal. La tarea de una hermenéutica de la existencia será, pues, reconquistar («despertar» decía el curso de 1923) la existencia y su cuestión fundamental, el ser, contra su tendencia a ocultarse.

Se trata aquí de combatir un doble olvido, pero que constituye sistema: el olvido de la existencia misma (es decir, el olvido de sí mismo como tarea y como proyecto) y el olvido del ser como tema fundamental de la filosofía. En ambos casos, el olvido evoca una «destrucción», es decir, un descubrimiento de los motivos que han presidido la instauración de un pensamiento que borra el ser como tema fundamental de la filosofía. En la introducción de *Ser y tiempo*, el acento recae sobre el olvido del ser, pero el resto de la obra establecerá claramente que este olvido descansa en el olvido de sí por parte de la existencia y de su finitud, fundamental no obstante.

Para eliminar este doble olvido, hay que recurrir a una hermenéutica, es decir, a un poner al descubierto «destructor» (que siempre hay que entender en el sentido positivo del producto desoxidante que redescubre el fenómeno que ha quedado recubierto): por una parte, a una hermenéutica de la existencia misma que la saca de su autorrecubrimiento; por otra, a una hermenéutica del olvido *filosófico* del ser que se anuncia con el nombre de una «destrucción» de la historia de la ontología.

*Ser y tiempo* llegará así, en una página sumamente densa (*SZ, pág.* 37), a una caracterización concisa y recogida de lo que conviene entender por hermenéutica. El «sentido de la descripción fenomenológica en cuanto método» procederá de la hermenéutica en el sentido exacto en que la descripción será la consecuencia de un trabajo de *interpretación (Auslegung,* volveremos enseguida a este término crucial). El carácter hermenéutico de la fenomenología subraya que son dos las cosas que deben ser *«anunciadas»* a la comprensión del ser, que es la misma que la de nuestra existencia: 1) El auténtico sentido del ser y 2) las estructuras fundamentales de su propio ser. Pero para comunicar el sentido auténtico y fundamental del ser y las estructuras del ser, que es el nuestro, es obligado partir de una «interpretación del ser de la existencia», lo cual constituirá el sentido filosóficamente primario de la hermenéutica en *Ser y tiempo.* Si a este sentido se le llama primario, es porque constituirá el verdadero *terreno de arraigo* de la ontología fenomenológica que Heidegger quiere llevar a cabo: para despertar la pregunta por el ser, es necesario partir de una interpretación explicitante de la comprensión de ser, más o menos expresa, que es la comprensión de la existencia misma.

Teniendo en cuenta esta problemática, la más fundamental de todas, sólo derivadamente, dice Heidegger, podemos entender por hermenéutica una «metodología de las ciencias históricas del espíritu». Heidegger despide de este modo la concepción diltheyana de la hermenéutica, pero en nombre de un pensamiento que enclavija la hermenéutica en la existencia misma, siguiendo en esto algunos de los impulsos del último Dilthey.

## 3. Una nueva hermenéutica del comprender

La hermenéutica promete de este modo recordar a la existencia las estructuras esenciales de su ser, a las que Heidegger dará el nombre de «existenciales». Si en la existencia mora una comprensión (preocupada) de sí misma, es evidente que la «comprensión» formará un existencial absolutamente fundamental al que Heidegger dará un nuevo sentido, que será determinante para la hermenéutica posterior.

Sabemos ya que la existencia es hermenéutica porque es un ser de comprensión. Pero, ¿qué quiere decir comprender? Heidegger, una vez más, rompe con la tradición anterior viendo en ello no tanto una intelección *(intelligere)* o un conocimiento como un poder, una capacidad, un saber-hacer o una habilidad. En este aspecto se remite a la expresión alemana *sich auf etwas verstehen,* que quiere decir «comprender algo», «ser capaz de una cosa». El «comprender» es aquí un verbo pronominal, que me implica en su ejercicio, porque siempre es una «posibilidad» mía que se desarrolla que se arriesga también, en la comprensión.

Comprender es, pues, *poder* algo y lo «podido» con este poder es siempre una posibilidad de *sí mismo*, un «comprenderse».

Anclada en la existencia y en su inquietud fundamental a propósito de sí misma, toda comprensión tendrá la estructura de un proyecto. Lo que equivale a decir que la comprensión se sitúa dentro de una estructura de anticipación, de una anticipación de significatividad, regida por la existencia y su necesidad de orientación.

Pero esta anticipación no depende necesariamente de un proceso consciente. Es la consecuencia de un «proyecto eyecto»: arrojada a la existencia, la comprensión se nutre de proyectos de comprensión que son otras tantas posibilidades de salir adelante en el mundo. Pero es posible iluminar ese ser-proyectado, poner en claro esas anticipaciones y apropiarse así de sus proyectos de comprensión. Este esclarecimiento del comprender se llevará a cabo mediante lo que Heidegger llama la *Auslegung*.

Heidegger expresa así el concepto que define la tarea clásica de la hermenéutica, el de la interpretación, pero le confiere un sentido inédito. La interpretación no es nada más –dirá– que la explicitación de la comprensión. Heidegger juega aquí con el término alemán *Auslegung*, que quiere decir interpretación en el lenguaje corriente, pero cuya construcción evoca la idea de una aclaración o de una ex-plicitación (de ahí la preferencia de los traductores para este término cuando se trata de traducir *Auslegung*).

Dos desplazamientos importantes se efectúan aquí respecto de la problemática clásica de la *interpretación*. 1) Aquello que se pretende poner en claro no es en principio el sentido del texto o la intención del autor, sino la intención que mora en la existencia misma, el sentido de su proyecto. Este desplazamiento tiene mucho que ver con el giro existencial de la hermenéutica en Heidegger, que abandona el paradigma de la interpretación de los textos (no sin las correspondientes repercusiones sobre esta última, como reconocerán los herederos de Heidegger, que serán Bultmann, Gadamer y Ricœur). 2) La interpretación ya no es aquí el «procedimiento» que permite acceder a la comprensión, de acuerdo con la estructura teleológica de la interpretación y de la comprensión que ha prevalecido en la concepción clásica de la hermenéutica. No, la interpretación es más bien esclarecimiento crítico de una comprensión que la precede. Primero hay comprensión, luego su interpretación, donde la comprensión acaba comprendiéndose a sí misma y haciéndose cargo de sus anticipaciones.

La comprensión posee una triple estructura que se percibe claramente en lo que Heidegger llama la *Auslegung* o la «interpretación explicitante». Toda comprensión posee:

1) un «haber previo» *(Vorhabe)*, un horizonte a partir del cual comprende;
2) una «manera previa de ver» *(Vorsicht)*, porque se lleva a cabo con una cierta intención o un determinado punto de vista;
3) una «manera previa de entender» *(Vorgriff)*, ya que se despliega en el seno de una conceptualidad que se anticipa a lo que hay que comprender y que quizá no es inocente.

El propósito de la interpretación explicitante es hacer aparecer por sí misma («en cuanto tal o cual») esta estructura de anticipación y lo que ella implica. A Heidegger le anima claramente aquí una perspectiva de *Aufklärung* o de elucidación (algo atemperada después en su discípulo Gadamer). En *Ser y tiempo*, Heidegger no piensa primeramente en los modos psicológicos de la interpretación o de la comprensión, piensa sobre todo en dos tipos de anticipación que están en espera de explicitación o de «destrucción»:

a) la anticipación de una determinada concepción del ser (como presencia subsistente: «lo que es», lo que se instala en una presencia permanente bajo una mirada dominadora, concepción que habría dominado toda la historia de la metafísica);

b) la anticipación de una determinada concepción de la existencia (el hombre como cosa pensante, o *animal rationale*).

La pregunta de Heidegger es aquí la siguiente: ¿de dónde vienen estas preconcepciones? ¿Se han elucidado alguna vez en sí mismas? *Ser y tiempo* se propone hacerlo, aplicando de esta manera a la cuestión del ser y del hombre la estructura de la comprensión y de la explicación que es ahora la de la existencia. La obra practica de este modo, en el plano filosófico, la hermenéutica del ser y de la existencia que se efectúa ya en el seno de la existencia. De nuevo se percibe la distancia que puede separar a Heidegger de la hermenéutica clásica: no se trata de interpretar el sentido de un texto o del pensamiento de un autor, sino de elucidar la precomprensión de la existencia para determinar si depende de una aprehensión auténtica o no.

*4. Sobre el círculo de la comprensión*

Según Heidegger, toda comprensión se eleva desde el fondo de determinadas anticipaciones, dictadas por el cuidado de la existencia para consigo misma. La existencia se comprende entonces según una determinada experiencia, un determinado punto de vista y una determinada conceptualidad. Es otra manera de decir que no hay una *tabula rasa* de la comprensión. Pero este ideal de la *tabula rasa* de la comprensión es el que la metodología científica ha querido imponer a la hermenéutica del siglo XIX, en Dilthey sobre todo: la hermenéutica se comprende en estas circunstancias como la disciplina que debe eliminar el subjetivismo de la interpretación para fundamentar la pretensión de la objetividad de las ciencias del espíritu. Se presupone aquí que sólo se puede comprender «objetivamente» si se descartan los prejuicios del intérprete y de su época.

De acuerdo con las exigencias de este ideal de objetividad, la concepción heideggeriana del comprender y de la interpretación parece acabar en un «círculo» que tiene toda la apariencia de ser vicioso. Porque parece que no es posible una interpretación objetiva, neutra, si toda interpretación, al parecer, no es más que la elaboración de una comprensión previa. Y de ahí el problema que caracterizaba en cierta manera a la hermenéutica clásica: ¿cómo salir de ese condenado círculo? ¿Cómo llegar a una interpretación que pueda ser en definitiva independiente de las preconcepciones del intérprete?

Querer salirse de este círculo será, a los ojos de Heidegger, mantener la esperanza de llegar a una comprensión que no brotaría ya de la existencia. No sólo no hay nada de esto, sino que mantener esa ilusión sería mal comprender qué es comprender, es decir, la búsqueda de una inteligibilidad siempre movida por las expectativas de la existencia, que tiene cuidado de sí misma. «Lo decisivo –dirá Heidegger– no es salir del círculo, sino entrar en él en forma correcta» (*SZ*, pág. 153). Para él, esto quiere decir que la primera tarea de la interpretación no es ceder a los prejuicios arbitrarios, sino elaborar la estructura de anticipación del comprender a partir de las cosas mismas (con lo que Heidegger da a entender aquí que no renuncia de ningún modo a la concepción clásica de la verdad como adecuación a la cosa).

La máxima hermenéutica de Heidegger consiste, pues, en poner de relieve la estructura de anticipación de la comprensión en vez de hacer como si no existiera. Heidegger, por tanto, invita a la interpretación a un ejercicio de rigor, esto es, de autocrítica. Y a este ejercicio se entrega todo el proyecto de *Ser y tiempo* al preguntarse por los presupuestos hermenéuticos de la inteligencia dominante del ser y de la existencia.

## 5. *La última hermenéutica de Heidegger*

Esta explicación crítica continuará en su última filosofía, realmente su última «hermenéutica», que adoptará la forma de una explicación de la historia de la metafísica y su concepción dominante del ser como presencia de la que puede disponerse. Aunque es verdad que el último Heidegger ya casi no habla de hermenéutica, radicaliza su exigencia al dedicar todos sus esfuerzos a poner al día los supuestos del pensamiento metafísico al que considera ahora responsable del olvido del ser.

En *Ser y tiempo*, este olvido se imputaba en gran parte a la existencia inauténtica que se olvidaba de su cuestión esencial. El segundo Heidegger verá en ello más bien la consecuencia del destino de la metafísica occidental: al someter al ser a la perspectiva de la racionalidad («nada es sin razón»), la metafísica habría borrado el misterio original del ser, su aparición gratuita, sin porqué. Esta metafísica de la racionalidad hallaría su cumplimiento en la esencia de la técnica: el ser no sería ahí más que un dato disponible y contabilizable. Heidegger, va en busca de otra manera de entender el ser, menos imperial, menos gobernada por el «principio de razón». Su pensamiento apunta de este modo a preparar un nuevo comienzo y «superar» así el pensamiento metafísico, que tiende a someter el ser a la perspectiva del hombre al exigirle rendir cuentas. Esta hermenéutica prolonga el punto de vista de *SZ* en el sentido en que su propósito es poner de relieve los supuestos de la concepción metafísica del ser, en nombre de otro pensamiento, más originario, más atento al surgimiento del ser.

Este otro pensamiento, Heidegger lo ha esbozado al aplicar una atención renovada, absolutamente hermenéutica, al fenómeno de la lengua y del lenguaje poético. *Ser y tiempo* había dicho ya que la tarea de la hermenéutica era *anunciar* a la existencia el sentido del ser. Pero, ¿no es ya este «anuncio» el hecho del lenguaje mismo, en el que el ser se ha hecho habla desde siempre? ¿No es en esta capacidad de entender el lenguaje y, con ello, de estar abiertos al misterio del ser, donde se funda nuestro *Dasein*, nuestro «ser-el-ahí-en-el-habla?» No ha de extrañar, pues, que el último Heidegger, en sus reflexiones sobre el habla, pensada como la «casa del ser», haya podido decir que era precisamente el habla lo que daba voz a la «relación hermenéutica» fundamental, la que vige entre el ser y el hombre.[6] Además, Heidegger lo hizo en un «diálogo» retrospectivo, publicado en 1959, en el que recuerda con nostalgia su proyecto de una hermenéutica de la facticidad y donde cita, por primera vez en treinta años, textos de Schleiermacher y de Dilthey. Quiso de este modo sellar su solidaridad con la herencia de la hermenéutica que le había precedido, pero al afirmar que el habla era el elemento de la relación hermenéutica, anticipó también así los desarrollos de la hermenéutica de sus herederos.

6. M. Heidegger, «De un diálogo del habla», en *De camino al habla*, Barcelona, Ediciones del Serbal, págs. 83s. y 93.

# IV

# La contribución de Bultmann al desarrollo de la hermenéutica

Lo menos que puede decirse es que Heidegger propuso una concepción bastante herética de la hermenéutica. Anclado en la cuestión del ser y de la existencia, su proyecto no tiene mucho que ver, a primera vista, con la concepción clásica de la hermenéutica, entendida como arte de interpretar los textos o como metodología de las ciencias del espíritu. Parece tan alejado de las preocupaciones tradicionales de la hermenéutica que muchos historiadores de esta disciplina pueden permitirse ignorarle o ver en él un peligro mortal (será el caso de Betti). Pero para aquellos que podemos llamar descendientes de Heidegger (Bultmann, Gadamer, Ricœur, Vattimo y otros), son precisamente sus reflexiones «revolucionarias» sobre la comprensión, la interpretación y el lenguaje lo que iba a tener consecuencias para el pensamiento hermenéutico, orientado a la interpretación de textos y a la justificación de la pretensión de verdad de las ciencias del espíritu. Puede decirse que la preocupación de estos autores ha sido aplicar, cada uno a su manera, las lecciones de hermenéutica existencial a las cuestiones más tradicionales de la hermenéutica.

El primer pensador de envergadura que ha mostrado que la concepción heideggeriana podía ser puesta al servicio de las cuestiones más clásicas de la interpretación de los textos fue sin duda el teólogo Rudolf Bultmann (1884-1976). Antes incluso de conocer a Heidegger, Bultmann era ya un eminente exegeta del *Nuevo Testamento*. En su *Die Geschichte der synoptischen Tradition* (Historia de la tradición sinóptica), de 1921, había aportado una contribución de primer orden a la lectura histórico-crítica del texto bíblico al insistir en los estilos y los géneros literarios del texto sagrado. En 1921 fue nombrado profesor en Marburgo, donde pasó toda su carrera y donde se relacionó estrechamente con Heidegger (profesor en Marburgo de 1923 a 1928), pero también con Gadamer (que pasó veinte años en Marburgo, de 1919 a 1939).

Bultmann creyó siempre que la interpretación existencial propuesta por Heidegger ofrecía una descripción neutra de la existencia humana que el teólogo podía utilizar en su trabajo de interpretación. Fue por ello el primer hermeneuta en hacer fructificar las ideas de Heidegger en el terreno de la exégesis. Esto es particularmente manifiesto en el ensayo que publicó en 1950 sobre «El problema de la hermenéutica». Este texto aparece relativamente tarde en la obra de Bultmann, pero es importante, porque ayuda a delimitar lo que, para autores como Gadamer y Ricœur, se conocerá como el «problema hermenéutico».

Bultmann presenta lo que él llama el problema de la hermenéutica apoyándose a su vez en el ensayo de Dilthey sobre «El origen de la hermenéutica», aparecido cincuenta años antes. Pero se remitía a este ensayo para criticar de entrada la concepción demasiado restrictiva que Dilthey tenía de la comprensión: ¿es la comprensión realmente «la "reefectuación" de los fenómenos interiores que se han desarrollado en su autor»? ¿Es sólo la recreación del «acontecimiento creador interior del que han surgido»?[1]

Bultmann, por consiguiente, estigmatiza aquí la orientación psicologizante de la hermenéutica de Dilthey. Según él, esa orientación enmascara el sentido mismo del esfuerzo de comprensión, focalizado ante todo en la cosa que hay que comprender y a partir de la interrogación fundamental, que es la del intérprete:

> Una comprensión, una interpretación está, por consiguiente, [...] siempre orientada por una cues-

---

1. R. Bultmann, «Le problème de l'herméneutique» (1950), en *Foi et compréhension*, vol. I, París, Éd. du Seuil, 1970, págs. 599-626, aquí 603 [edición original: *Glauben und Verstehen, Gesammelte Aufsatze. Dritter Band*, Tubinga, J. C. B. Mohr (Paul Siebeck), 1960].

tión determinada, por un punto de vista preciso. Esto implica que no existe nunca sin una presuposición o, para hablar más exactamente, que siempre se guía por una precomprensión de la cosa acerca de la cual ella interroga el texto.[2]

Para Bultmann, la comprensión se orienta siempre a la cosa *(Sache)* del texto, a su envite, y no a la psicología del autor. Pero esta comprensión de la cosa está forzosamente guiada por una precomprensión del intérprete. Ésta se funda, a su vez, en la vida de quien comprende: «La interrogación de fondo procede de un *interés que se funda en la vida de quien pregunta*. La presuposición de toda interpretación comprensiva es que el interés del que hablamos está de una manera u otra viviendo en el texto que hay que interpretar y funda la comunicación entre este último y el intérprete».[3]

Por consiguiente, no es posible comprender, dirá Bultmann, si no es *participando* en lo dicho. Bultmann habla aquí de un *teilnehmendes Verstehen*, de una «comprensión participativa»: comprender es tomar parte en lo que comprendo. No puedo comprender a Platón, dirá por tanto Bultmann, si no es filosofando con él. Si Bultmann insiste en esta idea de participación es para criticar una concepción demasiado «estetizante» de la comprensión, según la cual el sentido que hay que comprender sería pri-

2. *Ibid*., pág. 604.
3. *Ibid*., pág. 606.

mariamente la expresión de una individualidad. No, dice Bultmann, comprender es más bien captar una posibilidad de existencia.

Esta *posibilidad de existencia* que ocupa el centro del «problema de la hermenéutica» se manifiesta en los dos polos de la comprensión, que a partir de ahí se convierte en asunto de diálogo: comprendo siempre *a partir de* mi existencia y lo que yo comprendo es también una *posibilidad de existencia* revelada en el texto. Paul Ricœur, a quien el pensamiento de Bultmann marcará considerablemente, dirá más tarde que la comprensión se apoya en el mundo al que la obra me abre y en el que me permite habitar.

La precomprensión del intérprete no debe ser eliminada, en nombre de un ideal metódico de hermenéutica, más bien debe ser elaborada por sí misma y puesta en cuestión. «No se trata de eliminar la precomprensión, sino de elevarla al nivel consciente.»[4] Y hacerla consciente, precisa Bultmann, es someterla a la prueba del texto, hacer de manera que pueda ser puesta en cuestión por el texto y que ella pueda así entender su reivindicación *(Anspruch)*. Una revisión de la precomprensión es siempre posible y es lo que se lleva a cabo durante la labor de interpretación.

Si Bultmann demuestra con todo ello que ha comprendido muy bien el estrecho vínculo que existe entre la comprensión y la interpretación expli-

4. *Ibid.*, pág. 618.

citante en Heidegger, su mérito también está en haber sido el primero en aplicar expresamente su concepción del círculo hermenéutico a las cuestiones más tradicionales de la hermenéutica, desarrollando y practicando una hermenéutica existencial de los textos (mientras que Heidegger se limitaba en gran parte a una hermenéutica de la existencia y de la metafísica). Al afirmar que la comprensión se fundaba en un «interés fundado en la vida», se adelantaba a la concepción de la comprensión propia de la hermenéutica filosófica de Gadamer (la comprensión como aplicación) y de Ricœur (la comprensión como apertura de un mundo). Y se oponía así, antes que Gadamer, a la concepción todavía demasiado estetizante y reconstructora de la comprensión en Dilthey. Su concepción «participativa» del comprender abría en lo sucesivo el camino a la comprensión entendida como un diálogo. Se hacía posible un regreso de la hermenéutica a sus cuestiones más antiguas desde un suelo heideggeriano.

# V

# Hans-Georg Gadamer: una hermenéutica del acontecer de la comprensión

*1. Una hermenéutica no metodológica de las ciencias del espíritu*

Aunque Heidegger había ya propuesto una concepción filosófica de la hermenéutica, sólo con Gadamer comenzó verdaderamente el término de hermenéutica a imponerse en la conciencia general. En 1960, entregó a su editor un largo manuscrito que llevaba por título *Las grandes líneas de una hermenéutica filosófica*. Su editor juzgó, sin embargo, que el término de hermenéutica era quizá demasiado esotérico y arrastraba el peligro de asustar a los lectores. Invitado a buscar algo más atractivo, Gadamer pensó en un principio en *Comprensión y acontecimiento*, antes de dar con el título de *Verdad y método*. Ésta es la obra que catapultó la hermenéutica al centro de los debates filosóficos, hasta el punto que el editor mismo insistió en que el término de hermenéutica figurara en el título de una recopilación de ensayos que Gadamer publicó en 1967...

Aunque Gadamer fue alumno de Heidegger y aunque en gran medida se inspira en él, no puede decirse que la transición de la hermenéutica de Heidegger a la de Gadamer sea algo que caiga de su propio peso. Gadamer no ha continuado la «hermenéutica de la existencia» de su maestro. Más bien ha intentado repensar a partir de ella la problemática, más diltheyana, de una hermenéutica de las ciencias del espíritu (aunque Gadamer acabará superando este horizonte esbozando una hermenéutica universal del lenguaje). Lo que más le marcó de Heidegger no es tanto el proyecto de una hermenéutica directa de la existencia o de un replanteamiento de la pregunta por el ser como la nueva manera de entender el círculo hermenéutico que no puede contemplarse ya de acuerdo con el ideal objetivista de una *tabula rasa*. Según la idea fundamental de Heidegger, era absurdo esperar alcanzar una comprensión libre de toda anticipación, y a partir de ahí por fin «objetiva», porque comprender para un ser finito es ser movido por determinadas anticipaciones. Sin anticipaciones constitutivas, la comprensión pierde toda razón de ser, toda pertinencia. No hay interpretación que no esté guiada por una comprensión.

Heidegger lo decía, por supuesto, desde el punto de vista de una hermenéutica de la existencia: ¿se han elaborado de manera auténtica las anticipaciones de la existencia, desde la finitud de nuestro ser, o no? Gadamer aplicará, por su parte, la valoración más positiva del círculo hermenéutico a la problemática de una hermenéutica de las ciencias del espíritu. ¿No debería tener consecuencias la concepción de Heidegger para una hermenéutica que se propone hacer justicia a la pretensión de verdad de las ciencias del espíritu? Gadamer parte, pues, de Heidegger, pero para renovar la manera de entender el problema de Dilthey. Si, por una parte, restablece el interrogante de Dilthey, por otra pone en cuestión la premisa de Dilthey según la cual sólo una *metodología* estaría en disposición de dar cuenta de la verdad de las ciencias del espíritu. Éste es de alguna manera el sentido del título de *Verdad y método*: la verdad no es sólo cuestión de método. El método se funda en la distancia del que observa respecto del objeto observado. Ahora bien, ese modelo de la «comprensión a distancia», ¿es el realmente adecuado a las ciencias del espíritu? ¿No está el espectador siempre comprometido de alguna manera en esas ciencias? Esta concepción de la comprensión proviene en buena parte de Heidegger: comprender es un «comprenderse en algo uno mismo». Pero recuerda igualmente la «comprensión participante» de Bultmann.

El propósito inicial de Gadamer es justificar la experiencia de verdad de las ciencias del espíritu (y de la comprensión en general) partiendo de esta concepción «participativa» de la comprensión, constitutiva de lo que, en la primera línea de su obra, llama el «problema hermenéutico».[1] Pero este «pro-

1. H.-G. Gadamer, *Verdad y método. Fundamentos de*

blema» había quedado recubierto, según él, por la concepción demasiado metodológica de la hermenéutica propuesta por Dilthey. La idea de Gadamer es que Dilthey sucumbe a una concepción de la verdad inspirada en la metodología de las ciencias exactas, que declara anatema toda implicación de la subjetividad.

En lugar de seguir ciegamente esta metodología, por lo demás poco conforme con su práctica real, las ciencias humanas harían bien en inspirarse en la tradición algo olvidada del humanismo, de donde además toman su nombre las ciencias humanas *(humaniora)*. La reconquista del problema hermenéutico comenzará de esta manera por una vigorosa rehabilitación de la concepción humanista del saber en las primeras secciones de *Verdad y método*. El rasgo distintivo del humanismo es que no tiene como perspectiva primera producir resultados objetivables y mensurables, como es el caso en las ciencias metódicas de la naturaleza; más bien confía en contribuir a la formación *(Bildung)* y a la educación de los individuos desarrollando su capacidad de juicio. En este ideal de formación, en el que se forma un sentido común, un sentido común a todos y un sentido de lo que es común y justo, se produce un ascenso a lo universal, pero no a la manera de

---

*una hermenéutica filosófica [VM]*, Salamanca, Sígueme, 1977, pág. 23; *Gesammelte Werke [=GW]*, vol. I, 1, Tubinga, Mohr, 1985.

las leyes científicas. Corresponde más bien a una superación de nuestra particularidad que nos abre a otros horizontes y que nos enseña a reconocer, humildemente, nuestra propia finitud. ¿No hay aquí un «modo de conocer» que implica al individuo, que puede servir de modelo a las ciencias del espíritu? Si este modelo ha perdido para nosotros su fuerza apremiante es porque el positivismo científico ha impuesto un modelo único de saber, el del conocimiento metódico, independiente del intérprete. Gadamer no tiene nada en contra del conocimiento metódico como tal, y le reconoce toda su legitimidad, pero estima que su imposición como modelo único de conocimiento tiende a dejarnos ciegos ante otros modos de saber. Una reflexión, por tanto, que quiera hacer justicia a la verdad de las ciencias del espíritu, reflexión que incumbe a lo que podemos llamar una «hermenéutica», no ha de ser necesariamente una metodología.

## 2. El modelo del arte: el acontecimiento de la comprensión

En la búsqueda de otro modelo de saber distinto del de la ciencia metódica, Gadamer se inspirará en la primera parte de *Verdad y método* en la experiencia artística. La obra de arte no proporciona solamente un gozo estético, es ante todo un *encuentro con la verdad*, sostiene con vigor Gadamer. Reducir la obra de arte a un asunto estrictamente estético es seguir el juego a la conciencia metódica que reivindica un monopolio de la noción de verdad, limitada al orden de lo que es conocible científicamente. No, dirá Gadamer, es preciso reconocer también que la obra de arte tiene su verdad. Esta ampliación de la noción de verdad permitirá más adelante hacer mejor justicia al modo de conocer de las ciencias del espíritu.

Para pensar este encuentro con la verdad, Gadamer propone partir de la noción de «juego»: comprender una obra de arte es dejarse prender por su juego. En este juego, no somos de los que dirigen sino de los prendidos, fascinados por la obra que nos lleva a participar de una verdad superior. El juego, por tanto, nada tiene de puramente subjetivo para Gadamer. Muy al contrario, el que juega se halla más bien arrebatado por una realidad «que le sobrepasa». El que participa en un juego se pliega a la autonomía del juego: el jugador de tenis responde a la pelota que se le envía, el bailarín sigue el ritmo de la música, el que lee un poema o una novela se deja prender por lo que lee.

Si este modelo es importante es porque se encuentra en él muy implicada la «subjetividad», pero lo está por plegarse precisamente a lo que la obra, en toda su objetividad, le impone: el sujeto se encuentra implicado en un encuentro que le transforma. Al tratarse de una obra de arte, el «juego» se condensa en una figura, una obra que cautiva y que me descubre algo esencial, que se refiere a lo que es, pero que se refiere también a mí. Se refiere a lo que es porque es un *plus de realidad* que se presenta en una obra, es decir, una realidad más potente y más reveladora aún que la realidad misma que aquélla representa, pero que es mejor conocida a través de ella. De este modo, el cuadro *Dos de mayo* de Goya, que muestra a unos pobres campesinos españoles fusilados a quemarropa por las tropas francesas, me descubre cómo es la realidad de la invasión de España intentada por Napoleón.

Este encuentro con la verdad encarna al mismo tiempo un encuentro con uno mismo. Hay ahí una verdad de la que yo «participo» (recordando de nuevo a Bultmann), porque la obra me interpela siempre de manera única. Ésta es la razón por la que hay tanta variabilidad en las interpretaciones de las obras de arte. Pero la idea básica de Gadamer es que esta variabilidad es esencial al sentido mismo. Sería perverso querer erradicarla de la interpretación. La experiencia de la verdad no depende por tanto, de mi propia perspectiva, depende ante todo de la obra misma que me abre los ojos a aquello que es. Es preciso distinguir la verdad de la que habla Gadamer de la concepción pragmatista de la misma, que reduce la verdad a lo que se me muestra como útil: no es la obra la que debe plegarse a mi perspectiva, sino, al contrario, es mi perspectiva la que debe ensancharse, incluso metamorfosearse, en presencia de la obra.

De esta suerte hay en la experiencia de la obra de arte un juego riguroso, irresistible, entre el «plus de ser», que se me presenta, como una revelación, incluso como una imposición, y la respuesta que yo doy: nadie puede permanecer indiferente ante una obra de arte que nos somete a su verdad. Esta revelación, que transforma la realidad, «transfigurada» y «reconocida» en una obra de arte, también nos transforma a nosotros. La obra de arte siempre me dice: «¡Has de cambiar tu vida!»

Éste es el modelo de obra de arte, y del rigor único que le es propio, que Gadamer aplicará a las ciencias del espíritu. Según él, la verdad de las ciencias del espíritu depende más del «acontecimiento» (que se apodera de nosotros y nos hace descubrir la realidad) que del método. Es revelador a este respecto que Gadamer haya querido primeramente dar a su obra el título de *Comprensión y acontecimiento*. Quería destacar con ello que se llega quizá demasiado tarde cuando se quiere imponer a esta notoria experiencia de verdad una metodología que sea garantía de su «objetividad». ¿No se cede, en este caso, a un ideal metódico del conocimiento, legítimo en su orden, pero que deforma la experiencia de la verdad atestiguada por las ciencias del espíritu y que la experiencia del arte nos ayuda a descubrir?

## 3. Los prejuicios, condiciones de la comprensión: la rehabilitación de la tradición

La vieja receta ordenada a fundar la verdad de las ciencias del espíritu consistía en excluir los «prejuicios» de la comprensión en nombre de una idea de objetividad, heredada de las ciencias exactas. De manera bastante provocadora, Gadamer verá más bien en los prejuicios «condiciones de la comprensión». Él se ampara aquí en el análisis de la estructura anticipativa del comprender en Heidegger, que había mostrado que la proyección de sentido no era una tara, sino un componente esencial de toda comprensión digna de este nombre. Con el mismo espíritu Bultmann había sostenido que no había interpretación sin «precomprensión» por parte del intérprete. Y tanto en Heidegger como en Bultmann, esta concepción no abría de par en par las puertas al subjetivismo, porque de lo que se trataba era precisamente de desarrollar las anticipaciones que fueran adecuadas a la cosa que hay que comprender. La interpretación no era, efectivamente, en estos dos autores, más que una invitación a un *examen crítico* de sus prejuicios.

Gadamer comenzará su análisis –y esto se ha destacado poco– insistiendo en ese proceso de *revisión constante* que caracteriza el esfuerzo que supone la interpretación: una interpretación justa debe protegerse contra cualquier arbitrariedad de las ideas recibidas y dirigir su mirada hacia las cosas mismas.[2] Lo mismo que Heidegger, por tanto, Gadamer no es enemigo de la idea de adecuación. Más bien pone en cuestión el ideal, surgido de la Ilustración, de una comprensión totalmente desprovista de prejuicios.

La sutilidad del análisis de Gadamer está en mostrar que esta obsesión por los prejuicios procede también de un prejuicio no cuestionado, particularmente de un «prejuicio contra los prejuicios». La cruzada de la Ilustración contra los prejuicios descansa efectivamente sobre la idea según la cual sólo puede reconocerse como verdadero aquello que se considera probado sobre la base de una certeza anterior. Es el principio que lleva a los ilustrados a devaluar todo conocimiento fundado en la tradición y la autoridad. Pero eso es desconocer que puede haber «prejuicios legítimos», como podemos decir en el lenguaje corriente, prejuicios fecundos que nos vienen de la tradición. Gadamer juzga, pues, que la oposición entre la razón y la tradición es abstracta, y es también tributaria de una tradición, cartesiana por cierto, que rechaza toda verdad que no se haya fundado de una manera última. Pero, se pregunta Gadamer, ¿existe realmente una cosa así, es decir, una verdad que no debería estrictamente nada a la tradición y que, en este caso, estaría totalmente desligada del lenguaje?

2. *VM*, pág. 333; *GW* I, págs. 271 y 272.

Gadamer no piensa aquí en una tradición concreta (lo que haría de él el «tradicionalista» que no es), piensa más bien en el «trabajo de la historia» que va fraguando por debajo de la comprensión. La tradición representa así todo lo que no es «objetivable» en una comprensión, pero que la determina imperceptiblemente. La comprensión se realiza a partir de ciertas expectativas y puntos de vista que ella hereda del pasado y de su presente, pero que no siempre puede mantener a distancia. Aunque Gadamer mantiene el ideal clásico, y heideggeriano, de un examen crítico de los prejuicios, le parece ilusorio orientar la verdad de la comprensión hacia el ideal de un conocimiento desprovisto de todo prejuicio. Un ideal así no hace justicia, según él, a la historicidad constitutiva del esfuerzo de comprensión.

En Gadamer, es también esta historicidad la que hace posible esperar resolver la cuestión crítica de la hermenéutica: ¿cómo distinguir los prejuicios legítimos, los que hacen posible la comprensión, de los que no lo son y han de ser superados por la razón?[3] A menudo, dirá, la perspectiva del tiempo, la distancia temporal, nos permite hacer el escrutinio entre buenos y malos prejuicios. Lo vemos, por ejemplo, en el arte contemporáneo, pero también en filosofía: ¿cómo distinguir las contribuciones importantes y originales de las que no lo son tanto? Aquí, sólo la perspectiva del tiempo ofrece cierta ayuda,

---

3. *Ibid.*, págs. 344 y 369; *GW* I, págs. 281 y 304.

porque el tiempo permite que los grandes logros emerjan y cobren valor. Solución más o menos satisfactoria, no sólo porque deja intacta la cuestión de la ponderación de las obras contemporáneas, con las que no hay distancia temporal (aunque sí alguna forma de distancia crítica), sino también porque sin duda no tiene en cuenta aquellos casos en que la distancia temporal puede hacer olvidar grandes obras e interpretaciones importantes. Gadamer insiste en el papel que la tradición puede tener como reveladora, y con toda razón, pero quizás ha subrayado poco el que podía tener como ocultadora y a veces represora. Pero es verdad que esa crítica presupone un concepto muy «moderno» de tradición, ese mismo que Gadamer intenta relativizar.

## 4. *El trabajo de la historia y su conciencia*

El concepto fundamental de la hermenéutica de Gadamer es el de *Wirkungsgeschichte*. El término alemán, que ya existía antes de Gadamer, designa en su sentido más corriente la historia de la recepción o, más sencillamente, la posteridad de las obras a través de la historia. Y así, por ejemplo, podemos distinguir la obra de Cervantes de la posteridad de esa obra o la Revolución francesa de su influencia en la historia. Como esa posteridad designa un *efectuar* de la historia, cuya productividad destacará Gadamer, podemos hablar aquí de un «trabajo de la historia».

La disciplina de la *Wirkungsgeschichte* la desarrollaron los historiadores en el siglo XIX, satisfechos de su «conciencia histórica» y deseosos de estudiar la posterioridad en sí de las grandes obras: el historiador, en cambio, que quiere estudiar el pensamiento de Platón en sí mismo procurará distanciarse de su posteridad y de sus prejuicios. La conciencia histórica del trabajo de la historia debía permitir de este modo escapar de su insidiosa determinación, por el bien mayor de una interpretación objetiva del pasado «tal como ha sido en realidad» antes de que la historia le haya atribuido nuevos sentidos.

Gadamer se pregunta si este ideal de comprensión, que procura marcar distancias con la *Wirkungsgeschichte*, hace debida justicia al trabajo de la historia. ¿El hecho de estudiar la posteridad por sí misma implica que uno ha de sustraerse por ello a su eficacia? Seguro que no, porque la interpretación que pretende «objetivar» el trabajo de la historia se efectúa en nombre de prejuicios y de un ideal de objetividad que son, también ellos, fruto de un trabajo subterráneo de la historia (en este caso, del positivismo). Según cree Gadamer, parece menos importante objetivar ese trabajo de la historia –tarea imposible porque ella pretende ser la señora de todas sus determinaciones– que reconocer que toda comprensión se inscribe en un trabajo de la historia, que emana de las obras mismas pero del que ella sólo tiene una conciencia parcial.

El propósito filosófico de Gadamer es desarrollar una *conciencia* adecuada de este trabajo de la historia. Puede tratarse en esencia, como en Heidegger y en Bultmann, de una conciencia que se esfuerza por poner en claro el trabajo de la historia dentro de la cual se sitúa aquélla para esclarecer su propia situación hermenéutica. Todo esto es absolutamente legítimo en el ámbito de la investigación histórica, pero es importante igualmente a los ojos de Gadamer tomar conciencia de los *límites* de este esclarecimiento. Y es que el trabajo de la historia continúa determinando nuestra conciencia más allá de la conciencia que tenemos de ello. Una conciencia finita no será nunca dominadora de todas sus determinaciones. Con una ambigüedad esencial y pretendida, la «conciencia del trabajo de la historia» designa, pues, a la vez, como precisa el prefacio a la segunda edición de *Verdad y método*, 1) la conciencia cincelada y trabajada por la historia, y 2) la conciencia de este mismo estar determinada y de los límites que esto impone al ideal de una conciencia enteramente transparente a sí misma.[4] La esperanza de Gadamer es que precisamente el reconocimiento de su finitud esencial hará que la conciencia se abra a la alteridad y a nuevas experiencias.

---

4. «Prólogo a la segunda edición» de *VM*, pág. 16.

## 5. La fusión de los horizontes y su aplicación

Desde la óptica de esta conciencia que se da cuenta de su finitud, la comprensión parecerá menos una actividad del sujeto que un acontecer que depende del trabajo de la historia:

> El comprender debe pensarse menos como una acción de la subjetividad que como un desplazarse uno mismo hacia un acontecer de la tradición, en el que el pasado y el presente se hallan en continua mediación. Esto es lo que tiene que hacerse oír en la teoría de la hermenéutica, demasiado dominada hasta ahora por la idea de un procedimiento, de un método.[5]

Esta mediación constante entre pasado y presente se encuentra en la raíz de la idea gadameriana de una «fusión de horizontes». Comprender el pasado, no es salirse del horizonte del presente, y de sus prejuicios, para situarse en el horizonte del pasado. Es más bien traducir el pasado en el lenguaje del presente, donde se fusionan los horizontes de pasado y presente. La fusión es entonces tan lograda que ya no se puede distinguir lo que concierne al pasado de lo que concierne al presente, y de ahí la idea de

---

5. *VM*, pág. 360; *GW* I, pág. 295. Véase mi estudio sobre «La fusion des horizons», en *Archives de philosophie* 68, 1005, págs. 401-418.

«fusión». Pero esta fusión del presente con el pasado es también, incluso de un modo más fundamental, la fusión del intérprete con lo que él mismo comprende. Como nos ha enseñado la experiencia del arte, la comprensión es una experiencia tan fusional que ya casi no puede distinguirse entre lo que concierne al objeto y lo que concierne al sujeto que comprende. Ambos se «fusionan» entonces en un encuentro logrado de sujeto y objeto, donde se puede reconocer la versión gadameriana de la *adaequatio rei et intellectus*, de la adecuación de la cosa al pensamiento, que constituye la definición clásica de verdad.

Si hay fusión con el presente es porque la comprensión encierra siempre una parte de aplicación. El intérprete, cuando comprende, pone de lo suyo, pero ese «suyo» es también de su época, de su lenguaje y de sus interrogantes. Siempre se interpreta una obra a partir de las preguntas, a menudo imperceptibles, que plantea nuestro tiempo. Comprender es, pues, «aplicar» un sentido al presente. Gadamer se remite aquí a la antigua *subtilitas applicandi*, que todavía formaba parte, en el pietismo del siglo XVIII, de la tarea esencial de la hermenéutica. Para un ministro de la Iglesia, esta aplicación se efectuaba en la homilía con la que trataba de aplicar la comprensión del texto sagrado a la situación actual de sus fieles. Gadamer le confiere una amplitud sin precedentes al sostener que la comprensión no es sino la aplicación de un sentido al presente. Gadamer se opone aquí al ideal metódico y reconstructor de Schleiermacher y de Dilthey que pretende excluir la intervención del presente, percibido como una amenaza a la objetividad. ¿Puede alguien comprender –se pregunta Gadamer– sin formar parte de la comprensión, sin que el presente esté implicado en ella?

La traducción ofrece un buen ejemplo de lo que Gadamer entiende por aplicación: traducir un texto es hacer que hable en otro lenguaje. Es obvio que han de aplicarse en este caso los recursos de la propia lengua. El significado extranjero sólo puede ser traducido mediante una lengua que seamos capaces de comprender. Al transferir el significado a otra lengua, el texto traducido se fusiona (en el mejor de los casos) con el que se acaba de traducir. Además, una traducción resulta tanto más lograda cuanto menos sensación se tiene de estar leyendo una traducción. Vemos sobre todo por eso que la aplicación exige rigor y verdad: no se puede traducir un texto de cualquier manera. Hay que traducir el texto extranjero, pero esto sólo es posible aplicando los recursos de la propia lengua. De modo que es erróneo asociar la aplicación del intérprete a una forma de arbitrariedad subjetiva. Este modelo de la traducción no es irrelevante, porque hace aparecer el elemento «lingüístico» de toda comprensión con el que se completa *Verdad y método*.

## 6. *El lenguaje, objeto y elemento de la realización hermenéutica*

Comprender es traducir un significado o ser capaz de traducirlo. Esta traducción implica la actualización lingüística del significado. Gadamer saca la conclusión de que el *proceso* de la comprensión y su *objeto* son esencialmente lingüísticos. Aquí hay dos tesis. La primera es que la comprensión es siempre un proceso «lingüístico». Dicho en forma negativa: no hay comprensión que no sea en cierta manera una expresión lingüística. Comprender es sentirse interpelado por un significado, poder traducirlo en un lenguaje que siempre es necesariamente el nuestro. Hay aquí fusión entre el proceso de la comprensión y su actualización en un lenguaje. La idea de Gadamer es que el lenguaje no es la traducción –secundaria– de un proceso intelectual que le precedería y que podría desarrollarse sin lenguaje. No, todo pensamiento es ya búsqueda de lenguaje. No hay pensamiento sin lenguaje. Pero se trataría de una evidencia que el pensamiento occidental se habría obstinado en ignorar desde Platón al atribuir al lenguaje un estatuto de segundo rango respecto del pensamiento autónomo. Gadamer denuncia aquí un olvido del lenguaje que habría atravesado toda nuestra tradición occidental, en la que no reconoce más que una sola excepción: la idea, entrevista por Agustín, de una «identidad de esencia» fundamental entre el pensamiento (el *logos*) y su manifestación lingüística (su encarnación).

Este lenguaje de la comprensión puede abarcar a todo ser susceptible de ser comprendido y no se limita, por tanto, a su propia perspectiva (la de una lengua o la de una comunidad particular): «La vinculación lingüística de nuestra experiencia del mundo no significa ningún perspectivismo excluyente».[6] El acento no recae, pues, en el límite perspectivista que entrañaría el carácter lingüístico de nuestra comprensión, sino, muy al contrario, en la apertura que implica: el lenguaje, comprendido a partir del diálogo, puede abrirse a todo lo que puede ser comprendido y a otros horizontes lingüísticos que no hacen más que ampliar los nuestros. La traducción y el diálogo son en principio siempre posibles. Esto no quiere decir que nuestro lenguaje no conozca límites: nuestras palabras son a menudo realmente impotentes para expresar lo que sentimos. Pero los límites del lenguaje son entonces los límites también de nuestra comprensión. Toda crítica de los límites del lenguaje sólo puede hacerse dentro del mismo lenguaje. El lenguaje absorbe así todas las objeciones que se quiera alzar contra su competencia. Así, dirá Gadamer, la universalidad del lenguaje corre pareja con la de la razón:[7] también ésta se articula en un lenguaje susceptible de ser comprendido y resulta impensable sin lenguaje.

6. *VM*, pág. 537; *GW* I, pág. 452.
7. *VM*, pág. 482; *GW* I, pág. 405.

Pero si podemos hablar de una universalidad y de una racionalidad dialógica del lenguaje, para designar su apertura a cualquier significado que pueda ser comprendido, es porque el lenguaje es la luz del ser mismo. Y de ahí la segunda gran tesis de Gadamer: no solamente la realización de la comprensión es en sí misma una actualización lingüística, sino que el *objeto* de la comprensión es también lingüístico. Éste es el sentido del célebre adagio de Gadamer: «El ser que puede ser comprendido es lenguaje». Esto se aplica perfectamente bien a los textos, pero, según Gadamer, el mundo que yo comprendo es siempre un mundo que gira en torno al lenguaje. El mundo siempre se me presenta mediante el «lenguaje»: esta pared, este médico, esta angustia no se me ofrecen primeramente a mi vista como realidades físicas a las que yo luego aplicaría designaciones. No, lo que yo veo, es la pared, la casa y una angustia que me ahoga. Todo lo que puede ser comprendido es un ser que se articula lingüísticamente. Cuando intento comprender la naturaleza de algo, busco un ser que ya es lenguaje y que, por ello mismo, puede ser comprendido.

Es de capital importancia ver que el acento en Gadamer no recae sobre la verbalización del mundo por un sujeto, como en la concepción de Humboldt, que hace del lenguaje una «visión del mundo», o en la de Cassirer, que hace de él una «forma simbólica» de nuestra aprehensión del mundo. La idea central de Gadamer es, más fundamentalmente aún, que es el lenguaje lo que pone de relieve el ser del mundo, porque hace que se exprese el lenguaje de las cosas mismas. El lenguaje encarna de este modo la «luz del ser», en la que el ser de las cosas se expresa.

Demasiado marcados por el pensamiento moderno, los intérpretes no siempre han captado con acierto el alcance de esta tesis de Gadamer. Su propósito no consiste en decir que lo real es siempre propiedad del lenguaje (que sería el de una lengua o de una cultura histórica) y que, en consecuencia, el ser mismo sería incognoscible. Dice, al contrario, que el lenguaje nos hace conocer el ser de las cosas. Gadamer critica severamente la idea moderna (de Humboldt y Cassirer, pero que se remonta a Kant), según la cual lo real sólo recibe su inteligibilidad de nuestro lenguaje, de nuestra visión del mundo o de nuestras categorías. El sujeto dador de sentido no se encuentra «frente» a un mundo de objetos que estaría de antemano privado de sentido y que sólo lo recibiría a partir de un determinado lenguaje. Gadamer denuncia aquí una concepción nominalista e instrumental del lenguaje que lo convierte en una herramienta en manos del sujeto.

Gadamer sostiene que el lenguaje es ya la articulación del ser mismo de las cosas. No es un instrumento del que disponemos. Es más bien el elemento universal en el que están inmersos el ser y la comprensión. Este elemento universal de la dimensión lingüística –del sentido, del ser y de la comprensión– habilita a la hermenéutica a elevar una pretensión de universalidad. La hermenéutica sobrepasa entonces el horizonte de una reflexión sobre las ciencias del espíritu para convertirse en una reflexión filosófica universal sobre el carácter lingüístico de nuestra experiencia del mundo y del mundo mismo.

# VI

# Hermenéutica y crítica de las ideologías

*1. La reacción metodológica de Betti*

Confirmando *a posteriori* su concepción del trabajo de la historia, la hermenéutica de Gadamer ha suscitado vivas discusiones filosóficas que han contribuido a destacar su sentido y su alcance. La primera reacción vino del jurista italiano Emilio Betti (1890-1968), que había presentado una concepción rigurosamente metodológica de la hermenéutica en su voluminosa *Teoria generale della interpretazione* (Milán, Giuffrè Ed., 1955). Se situaba en la tradición de Schleiermacher y de Dilthey, pero la síntesis magistral de Betti estaba mucho más desarrollada y ordenada que los esquemas de sus dos grandes predecesores. La *Teoria generale* de mil páginas ha sido sin duda poco leída, pero Betti redactó dos panfletos polémicos en alemán, en los que resumía lo esencial de su pensamiento, que han tenido una resonancia mucho mayor: la *Fundación de una teoría general de la interpretación* de 1954 y el ensayo de 1962 *La hermenéutica como metodología general de las ciencias del espíritu*.[1] En la primera de estas dos obras, no se habla evidentemente todavía de Gadamer, pero Betti ataca ya las doctrinas «heréticas» de Heidegger y Bultmann, que quieren ver en la precomprensión una condición de la interpretación. Betti defiende vehementemente la doctrina clásica según la cual la precomprensión es más perniciosa que provechosa para la comprensión correcta. Reprocha a Heidegger haber invertido el vínculo teleológico natural entre la interpretación y la comprensión al hacer de ésta el desarrollo de aquélla.

El ensayo de 1962 asesta la primera réplica importante a *Verdad y método*, siguiendo una línea de ataque previsible, pero que le permitirá a Gadamer precisar el sentido de su hermenéutica en sus respuestas, sobre todo en el prefacio a la segunda edición de *Verdad y método* y en su ensayo de 1965 «Hermenéutica e historicismo».[2] Betti la toma sobre todo contra la concepción de la aplicación defendida por Gadamer reprochándole que confunde el significa-

---

1. E. Betti, *Zur Grundlegung einer allgemeinen Auslegungslehre*, 1954; reed. Tubinga, Mohr Siebeck, 1988; *Die Hermeneutik als allgemeine Methodik der Geisteswissenschaften*, Tubinga, Morh Siebeck, 1988 [2ª ed. ital., *L'Ermeneutica come metodica generale delle scienze dello spirito*, Roma, Città Nuova, 1990].

2. En H.-G. Gadamer, «Hermenéutica e historicismo», en *Verdad y método, op. cit.*, págs. 599-649.

do *(Bedeutung)* de una obra, es decir, su sentido original desde el punto de vista de su autor, con la «relevancia» *(Bedeutsamkeit)* que puede tener para el intérprete actual. Desde su punto de vista, la tarea esencial de la hermenéutica no es aplicar un sentido al presente, lo que conduciría al subjetivismo, sino reconstruir la intención del autor. Betti condena la «metodología hermenéutica» que parece proponer Gadamer, esa que consistiría en deshacerse del método y remitirse a los prejuicios de uno mismo. Evidentemente, Betti pensaba sin duda que Gadamer tenía la misma concepción metodológica de la hermenéutica que él.

Gadamer ha visto en esas apreciaciones una comprensión errónea de sus verdaderas intenciones. Su intención no era proponer una nueva metodología –¡y sobre todo no la que le imputaba Betti!–, sino llevar a cabo una reflexión sobre la experiencia de verdad en las ciencias del espíritu que buscan precisamente superar el marco de una metodología, todavía demasiado dependiente de las ciencias exactas. Atenuaba el alcance de la distinción entre significado (original) y relevancia (actual) de una obra preguntándose si el significado del pasado podía realmente ser comprendido independientemente del sentido que ella tiene para nosotros y que ha adquirido al hilo del trabajo de la historia.

Otro de los debates que han contribuido a conocer mejor la hermenéutica es el que ha opuesto Gadamer a Habermas.

## 2. La aportación de Gadamer según Habermas

En los años sesenta, Jürgen Habermas (nacido en 1929) trabajaba en una lógica de las ciencias sociales que, de alguna manera como había hecho Gadamer para las ciencias del espíritu, intentaba justificar la aportación de verdad específica de las ciencias sociales. Su magistral *La lógica de las ciencias sociales* (1967) fue primero un artículo aparecido en una revista editada por Gadamer, la *Philosophische Rundschau*. En 1961, conocedor de que se hallaba en una situación delicada en Frankfurt, Gadamer había tomado al joven Habermas bajo su protección confiándole un puesto de profesor en la Universidad de Heidelberg.

*La lógica de las ciencias sociales* adopta la forma de una larga reseña crítica de las principales contribuciones a la epistemología de las ciencias sociales. Miembro de la escuela de Frankfurt, la intención de Habermas es mostrar que estas ciencias están animadas por un interés de conocimiento «emancipatorio» que las habilita para criticar la sociedad contemporánea. Habermas lucha sobre todo contra los sociólogos que se entregan a una concepción puramente positivista de su disciplina. Según ellos, las ciencias sociales tendrían que ver con datos empíricos mensurables y sus resultados estarían desprovistos de todo interés de conocimiento, porque esto pondría en peligro su pretensión de objetividad. En su justificación del tipo de conocimiento de las ciencias sociales, Habermas pudo inspirarse en Gadamer, pero también se vio en la obligación de criticarle. Aunque es posible que la crítica sea más célebre que la solidaridad entre ambos pensadores, es importante recordar su acuerdo de fondo:

1) Habermas se solidariza primero totalmente con la crítica gadameriana de «la comprensión objetivista que las ciencias tradicionales del espíritu tienen de sí mismas»: «De la vinculación del intérprete científico a su situación hermenéutica de partida se sigue que la objetividad de la comprensión *(Verstehen)* no puede asegurarse abstrayendo de los prejuicios, sino sólo mediante una reflexión acerca del plexo de influencias y efectos que unen de antemano a los sujetos cognoscentes con su objeto».[3] Habermas saca de ahí la lección que al investigador social le concierne su objeto, del cual forma parte, y que tiene todas las de ganar si toma conciencia de los prejuicios, emancipatorios según él, que orientan su investigación.

2) Habermas ha aprendido también mucho de la concepción gadameriana del lenguaje. Está claro que no se entiende la acción social haciendo abstracción del lenguaje dentro del cual se articula esa acción, por supuesto, pero también donde ella misma se refleja. Pero hay algo todavía más importan-

---

3. J. Habermas, «La pretensión de universalidad de la hermenéutica», en *La lógica de las ciencias sociales*, Madrid, Tecnos, 1988, reimpr. 2000, pág. 282.

te que ha descubierto en Gadamer, principalmente la idea según la cual el lenguaje no constituye un universo cerrado, como en la teoría wittgensteiniana de los «juegos del lenguaje» (que Habermas criticará con ayuda de Gadamer). El lenguaje se encuentra más bien investido de una *capacidad de trascenderse a sí mismo*. La prueba es que siempre es posible *traducir* un contenido de sentido extranjero, como había demostrado Gadamer. El lenguaje puede de este modo abrirse a todos los horizontes de sentido posibles y sobrepasar los límites de un marco lingüístico dado: «Los círculos lingüísticos no están cerrados monádicamente, sino que son porosos: tanto hacia fuera como hacia dentro».[4] Hacia el exterior en cuanto pueden acoger todo contenido extraño y traducirlo, pero también hacia el interior en la medida en que el lenguaje puede trascender sus propias expresiones, matizarlas y hallar otras nuevas para aquello que se quiere comprender. Esta apertura atestigua a los ojos de Habermas el *potencial de razón* inherente al lenguaje mismo.[5] La razón, dirá más tarde Habermas, se asienta en el lenguaje en la medida en que éste es capaz de trascenderse a sí mismo. Impresionante recepción –y aplicación– de la hermenéutica gadameriana por parte de Habermas, aunque acompañada de una crítica severa.

4. *Ibid.*, pág. 234.
5. *Ibid.*, pág. 230.

## 3. La crítica de Habermas a Gadamer

Si Gadamer ha descubierto el potencial de una «racionalidad comunicativa», susceptible de superar los límites de un lenguaje dado, también habría comprometido el alcance de su descubrimiento, según Habermas, al sostener que la comprensión se fundaba en la tradición o en el acuerdo preexistente que supone una comunidad determinada. Ahora bien, es posible ir más allá de este acuerdo preexistente mediante una «crítica de las ideologías». Su propósito es precisamente cuestionar la ideología dominante en una sociedad determinada o en un grupo como forma «sistemáticamente distorsionada de comunicación», torcida porque aleja la comunicación de su fin natural, que es el entendimiento entre los interlocutores. Esta crítica se lleva a cabo en nombre de una situación de comunicación ideal, irreal sin duda, pero que de todos modos se antepone a todo acto de discurso si es verdad que ha de estar animado por una voluntad de comunicación. Lo mismo que un psicoanalista está capacitado para diagnosticar un bloqueo comunicacional en un paciente, también el terapeuta social puede desenmascarar el seudoconsenso que hay en una sociedad determinada como una forma de «falsa conciencia». Pero al poner en cuestión el acuerdo preexistente de una comunidad determinada, se abandona el terreno de la hermenéutica para adentrarse en el de la «crítica de las ideologías». Despegándose, gracias al trabajo de la reflexión, del marco de la tradición, esa crítica elaboraría un sistema de referencia normativo[6] que le permitiría liberarse de la pertenencia irreflexiva a la tradición: como lo confirma una vez más el psicoanálisis, una tradición que se hace consciente mediante la reflexión cesa de determinarnos. Habermas le reprocha así a Gadamer que «no puede dar a las tradiciones culturales por absolutas».[7] Sólo que, cuando consideramos la crítica de Habermas más de cerca, nos damos cuenta de que en realidad intenta pensar «con Gadamer contra Gadamer».[8] Porque es exactamente la concepción gadameriana del lenguaje y su capacidad de autotrascendencia lo que Habermas devuelve contra la concepción gadameriana de la tradición.

Pero, ¿se puede hablar realmente de una absolutización de las tradiciones culturales en Gadamer? Ciertamente, no. Gadamer reconocía perfectamente que es posible trascender los límites, digamos «ideológicos», de un lenguaje dado o de una situación determinada. ¿No es éste, por lo demás, el gran mérito que Habermas reconocía a su concepción de lenguaje? Además, Gadamer había subrayado ya en *Verdad y método* que la autoridad de una tradición

---

6. J. Habermas, *La lógica de las ciencias sociales, op. cit*, pág. 256: «El derecho de la reflexión exige la autorrestricción del enfoque hermenéutico; ese derecho requiere un sistema de referencia que trascienda como tal el plexo de la tradición».
7. *Ibid.*, pág. 257.
8. *Ibid.*, pág. 255.

no tenía nada de autoritario, sino que descansaba en un acto de reconocimiento y de razón,[9] porque ante todo es reconocimiento de la superioridad. No se trata, por tanto, nunca en Gadamer de hacer de la tradición un criterio absoluto. Y Gadamer, además, lo ha reiterado en su respuesta a Habermas, que lleva el título evocador de «Retórica, hermenéutica y crítica de la ideología»: «Me parece falso decir que se ha hecho aquí un absoluto de la tradición cultural.»[10]

El desacuerdo se refiere más bien a la cuestión de saber si, al trascender los límites de una tradición dada en nombre de la crítica de las ideologías, se sale uno realmente del universo hermenéutico y si el hecho de tomar conciencia de una tradición mediante la reflexión suspende del todo la determinación de la tradición.

Es innegable que la reflexión puede a menudo anular o dejar en suspenso la fuerza de una tradición «distorsionada». Si me doy cuenta de que soy víctima de un prejuicio deformante, a partir del momento en que reflexiono sobre él es posible que

---

9. *V.M.*, pág. 347; *GW I*, pág. 284.

10. H.-G. Gadamer, «Retórica, hermenéutica y crítica de la ideología. Comentarios metacríticos a *Verdad y método* I (1967)», en *Verdad y método* II, Salamanca, Sígueme, 2006, págs. 225-241. Ricœur lo ha comprendido bien (*Tiempo y narración*, vol. I, México, Siglo XXI, ³2000, pág. 961: «Dar una valoración positiva de las tradiciones todavía no es hacer de las tradiciones un criterio hermenéutico de la verdad».

el prejuicio deje de paralizarme. Pero eso también lo reconocía Gadamer con toda claridad cuando escribía que la tarea crítica de la hermenéutica era elaborar prejuicios que tuvieran *fundamento en la cosa*.[11] Sólo que la reflexión no disuelve por sí misma *toda pertenencia a la tradición*. La reflexión crítica de una tradición se inscribe en un trabajo de la historia. Yo no puedo cuestionar una tradición si no es a partir de otra, aun cuando no me doy expresamente cuenta de ello. El cuestionamiento de una tradición no puede hacerse desde un «sistema de referencia» independiente del trabajo de la historia.

Aunque Gadamer reconoce que es posible superar los límites de una tradición cultural, duda de que la superación de la conformidad existente pueda hacerse desde el punto arquimédico de una crítica de las ideologías que pretende diagnosticar las «patologías» de la sociedad. Esta transposición del modelo psicoanalítico a las patologías de una sociedad le parece más que problemática a Gadamer. El papel del psicoterapeuta es muy distinto al del sociólogo. En una terapia psicoanalítica se está exactamente en presencia de un enfermo que solicita la competencia reconocida de un terapeuta. Pero, ¿no es presuntuoso, por parte del investigador social, pretender que una parte de la sociedad está profundamente «enferma» y arrogarse una competencia

---

11. *VM*, págs. 338 y 344; *Ibid.,* págs. 272 y 281s.

de «terapeuta social»? ¿Hay, en este caso, un paciente y una competencia terapéutica bien identificados?

No abandonamos, por tanto, el universo hermenéutico cuando nos entregamos a la crítica de las ideologías. La superación de la conformidad existente no se lleva a cabo a partir del sistema de referencia de una crítica de las ideologías, segura de sí misma y supuestamente independiente de la tradición; se realiza siempre en el ámbito de la comprensión y del diálogo hermenéutico, cuando los participantes se dan cuenta de sus límites y acceden a un mejor entendimiento. La reflexión, en cuanto es en sí misma una «comprensión» y se desarrolla en un lenguaje susceptible de ser comprendido, depende todavía de la hermenéutica y se inscribe en una sucesión de tradiciones.

Habermas se mantiene también él en el seno de una tradición, más o menos consciente, y más o menos disuelta por la reflexión. Por lo demás, la mejor manera de mostrarlo es recordar, ya con más de una generación de perspectiva, el contexto político y social que constituía ciertamente el telón de fondo de la crítica de Habermas, el de la revuelta estudiantil de 1968 y su cuestionamiento absoluto de toda autoridad fundada en la tradición. En un contexto político tan cargado, Gadamer no podía aparecer más que como el «conservador» (que nunca ha querido ni pretendido ser), mientras que Habermas, amparándose en la fuerza emancipatoria de la crítica marxista de las ideologías y del psicoanálisis, se otorgaba el buen papel de progresista. La ironía, flagrante cuando se cae en ello, estaba en lo siguiente: el que defendía con el mayor ardor el punto de vista de la crítica de las ideologías era quizás aquel cuyo discurso estaba más evidentemente ideologizado. Como ha dicho quedamente Gadamer mucho más tarde, lo que faltaba quizás a la crítica de las ideologías era una pequeña dosis de crítica de las ideologías,[12] comenzando por las propias.

Habermas lo reconocerá a su manera. Después de su épico debate con Gadamer, fue renunciando cada vez más a la retórica de la crítica de las ideologías y a su idea de un psicoanálisis aplicado al orden social, dedicando todos sus esfuerzos a la elaboración de una *Teoría de la acción comunicativa* (1981), cuyo núcleo es una ética del discurso fundado en la capacidad del lenguaje para trascenderse a sí mismo. Intuición hermenéutica, si la hay, porque descansa en la idea gadameriana según la cual el lenguaje apunta de antemano al entendimiento con el otro. Ahora bien, esta intención de entendimiento, sostiene con razón Habermas, es impensable sin un cierto compromiso ético por parte de los interlocutores: presupone, en efecto, un

---

12. Entrevista con C. Barkhausen, en *Sprache und Literatur in Wissenschaft und Unterricht*, Paderborn-Múnich, W. Fink, 1986, pág. 97.

cierto ideal de reciprocidad, de autenticidad y una voluntad de aceptar la fuerza del argumento mejor. Al no pretender ya fundamentar estas normas en una crítica de las ideologías o en la anticipación de una situación de comunicación ideal, sino en el uso pragmático del lenguaje, puede decirse que el último Habermas ha ido acercándose a Gadamer.

# VII

# Paul Ricœur: una hermenéutica del sí mismo histórico frente al conflicto de las interpretaciones

## 1. Un recorrido arborescente

Nada más injusto que abordar la aportación de Ricœur después de las de Gadamer y Habermas. Si nos hemos decidido a ello es únicamente porque Ricœur ha fundamentado *una* de sus intervenciones hermenéuticas en un intento de conciliación del pensamiento de Gadamer con el de Habermas.[1] Pero Ricœur vinculaba el conflicto entre la hermenéutica y la crítica de las ideologías a una distinción entre dos tipos de hermenéutica, la de la confianza y la de la sospecha, que él había diferenciado mucho antes de la célebre confrontación entre Gadamer y Habermas. La idea de Ricœur, y quizá la idea fun-

---

1. P. Ricoeur, «Herméneutique et critique des idéologies» (1973), en *Du texte à l'action* [=*TA*], París, Éd. du Seuil, 1986 [trad. cast., «Hermenéutica y crítica de las ideologías» (1973), en *Del texto a la acción: ensayos de hermenéutica II*, Buenos Aires, etc., Fondo de Cultura Económica, 2001, págs. 307-347].

damental de su hermenéutica, es que es preciso pensar juntas esas dos hermenéuticas, la que se apropia el sentido tal como se ofrece a la conciencia en espera de orientación y la que toma distancia de la experiencia inmediata del sentido para reconducirla a una economía más secreta.

Ricœur llega a esta idea siguiendo una trayectoria muy distinta a la de Gadamer. De hecho es del todo independiente. Sus fundamentos fueron puestos en obras que aparecieron en las décadas de los cincuenta y sesenta, como *La philosophie de la volonté* (Lo voluntario y lo involuntario), 1950, 1960; *De l'interprétation* (Freud: una interpretación de la cultura), 1965, y *Le conflit des interprétations* (El conflicto de las interpretaciones), 1969, en las que la presencia de Gadamer no se percibe en absoluto. Esta presencia, por lo demás, será bastante discreta en las obras posteriores de Ricœur. No obstante, ambos frecuentan la misma tradición hermenéutica de Schleiermacher, Dilthey, Bultmann y Heidegger, aunque en distinto grado y con intenciones diversas. Gadamer es ciertamente mucho más crítico de Dilthey y se encuentra mucho más cercano a Heidegger, con una hermenéutica universal que pretende sobrepasar el paradigma metodológico de la hermenéutica. Ricœur, en cambio, nunca ha querido despedirse de la problemática metodológica y epistemológica de la hermenéutica. Podríamos considerarlo, por tanto, más cercano a Dilthey, pero eso no sería sino una simplificación.

El recorrido de Ricœur es, en efecto, bastante más complejo, por proceder de otras fuentes y dejarse quizá reducir menos a la sola tradición hermenéutica que el camino que siguió de Gadamer. Se fue desarrollando con la sucesiva edición de varios libros importantes, que salen a la luz a lo largo de un período de casi sesenta años, de 1947 a 2004, mientras que la hermenéutica de Gadamer se concentra en un solo libro, en el que, sin embargo, presenta una teoría más sistemática y que posiblemente suscitó más debates hermenéuticos importantes que la de Ricœur. En sus obras Ricœur se interesa por una gran diversidad de disciplinas: la filosofía de la existencia –su punto de partida, donde se encontraba más cerca de autores como Gabriel Marcel y Karl Jaspers que de Heidegger–, la teoría del conocimiento histórico, la interpretación de la Biblia, el psicoanálisis, la teoría del lenguaje, la teoría de la acción, la fenomenología del tiempo, de la memoria y del reconocimiento, la teoría de la narración y de la ética. En cada uno de estos libros, Ricœur delinea grandes frescos históricos que intentan reconciliar los planteamientos más diversos. Es el rasgo secretamente «hegeliano» de este pensamiento, que no obstante se resiste a la idea de una síntesis global (un título notable de un capítulo de *Temps et récit* [Tiempo y narración] dirá que es necesario «renunciar a Hegel» en nombre del carácter incompleto de la vida y de la finitud humana). El reverso de tanta riqueza es que puede parecer difícil a veces identificar el meollo de su concepción hermenéutica. La unidad es el único problema que plantea ese pensamiento hermenéutico. Problema, sin embargo, del todo relativo, porque es una consecuencia de la sobreabundancia.

Pero unidad la hay. Podemos captarla a partir de los primeros paisajes del camino recorrido por Ricœur. Esos paisajes hay que buscarlos en la tradición francesa de la filosofía reflexiva, aquella que se remonta a Ravaisson, Lachelier y Bergson y que mantenían autores cercanos a Ricœur como Nabert y Marcel. La filosofía reflexiva parte de la autorreflexión del *ego*, en la tradición del «conócete a ti mismo» de Sócrates y de las meditaciones de Descartes. Esta tradición atrajo muy pronto a Ricœur hacia el existencialismo de Jaspers y la fenomenología de Husserl, combada sobre un «*ego* trascendental» que busca dar razón de su experiencia.

Hechizado por la filosofía de la existencia y su radicalización de la problemática ética, en la que el sujeto se piensa como una tarea para sí mismo, Ricœur quiso primero extender el análisis fenomenológico de Husserl al fenómeno de la voluntad, en la primera parte de su libro *La philosophie de la volonté* (Lo voluntario y lo involuntario), 1950. La hermenéutica no está ahí muy presente, pero aparece con fuerza en el segundo tomo, continuación del estudio anterior, *Finitude et culpabilité* (Finitud y culpabilidad), 1960, y más particularmente en el libro segundo de esta obra, consagrado a la «Simbólica del mal». Aquí es donde se produce su «giro hermenéutico» o lo que él llamará más tarde su «injerto de hermenéutica en la fenomenología».

Su motivo de fondo es que el *ego* no puede conocerse directamente, por instrospección, sólo puede comprenderse por la vía indirecta de la *interpretación* de los grandes símbolos (Adán y Eva, Job, el orfismo, etcétera), que intentan dar sentido al problema del mal. De acuerdo con lo que Ricœur llamó más tarde su «primera definición de la hermenéutica», ésta «estaba entonces expresamente concebida como un desciframiento de los símbolos, entendidos como expresiones de doble sentido».[2] En esta perspectiva, la interpretación es «el trabajo del pensamiento que consiste en descifrar el sentido oculto aparente, en desplegar los niveles de significación implicados en la significación literal».[3]

Es el primer sentido de su «giro hermenéutico». Muy distinto del de Heidegger y del de Gadamer. Si el giro por el lado «objetal» de las experiencias le ha sido inspirado por Jean Nabert,[4] el término de her-

---

2. P. Ricœur, *Réflexion faite. Autobiographie intellectuelle*, París, Esprit, 1995, pág. 31 [trad. cast., *Autobiografía intelectual*, Buenos Aires, Nueva Visión, 1997, pág. 33].

3. P. Ricœur. *Le conflit des interprétations*, París, Éd. du Seuil, 1969, pág. 16 [trad. cast., *El conflicto de las interpretaciones: ensayos de hermenéutica* , Buenos Aires, etc., Fondo de Cultura Económica, 2003, pág. 17].

4. P. Ricœur, *Parcours de la reconnaissance*, París, Stock, 2004, pág. 142 [trad. cast., *Caminos del reconocimiento*, Madrid, Trotta, 2005, pág. 104].

menéutica remite a Dilthey y a Bultmann para quienes la hermenéutica era la teoría de la interpretación de las manifestaciones vitales fijadas por escrito.

Ricœur no ignoraba, claro está, que Heidegger había querido *superar* a Dilthey, pero siempre quiso resistirse a su «ontologización» de la hermenéutica, es decir, a la confusión de la hermenéutica con la realización fundamental de la existencia. Esta «vehemencia ontológica» perdería de vista, según él, la orientación epistemológica y, en consecuencia, crítica de la hermenéutica de Dilthey.[5]

## 2. *Una fenomenología que se vuelve hermenéutica*

A pesar de su resistencia a la hermenéutica de Heidegger, Ricœur defiende la idea de un «giro hermenéutico» de la fenomenología. Pero el giro toma aquí un sentido distinto del que tiene en Heidegger. Este giro se justifica en Ricœur a partir de la imposibilidad de un acceso directo a los fenómenos y al *ego* mismo. A su entender, «lo que la hermenéutica estropeó no es la fenomenología, sino una de sus interpretaciones, la interpretación *idealista* hecha por Husserl».[6] Lo que la hermenéutica ha arruinado es más en concreto 1) el ideal husserliano de cientifi-

---

5. P. Ricœur, *TA*, pág. 95 [trad. cast., *Del texto a la acción*, pág. 83]. Véase J. Greisch, *L'itinérance du sens*, Grenoble, J. Millon, 2001, pág. 140.
6. *TA*, pág. 39 [trad. cast., *Del texto a la accción*, pág. 39].

cidad, centrado en una fundación última; 2) la primacía de la intuición como vía de acceso a los fenómenos; 3) el primado cartesiano y husserliano de una inmanencia del sujeto en sí mismo; 4) el estatuto de principio último que se le reconoce en este caso al sujeto y, por último, 5) la concepción todavía demasiado teórica de la autorreflexión en el seno de la fenomenología husserliana: como acto inmediatamente responsable de sí, la autoconciencia del sujeto desarrolla implicaciones éticas, en las que Ricœur irá ahondando cada vez más en el transcurso de su recorrido.

Sobre el trasfondo de esta crítica, Ricœur se propone desarrollar por su parte una fenomenología hermenéutica que adopta la vía de las objetivaciones como el rodeo obligado para el conocimiento de sí mismo. Se observa que la hermenéutica acababa cualificando aquí a la fenomenología. Era algo así como lo inverso de lo que sucedía en Gadamer, el cual proponía una hermenéutica fenomenológica, es decir, una hermenéutica que regresaba al fenómeno de la comprensión aligerándolo de su lastre metodológico. Podemos hablar, por tanto, en Ricœur de un giro hermenéutico de la fenomenología y, en Gadamer, de un giro fenomenológico de la hermenéutica.[7]

---

7. Véase sobre esta cuestión mi estudio en *Le tournant herméneutique de la phénoménologie*, París, PUF, 2003, págs. 84-102.

Aunque Ricœur insiste en la inflexión hermenéutica de la fenomenología, no deberíamos olvidar, según él, los presupuestos siempre fenomenológicos de la hermenéutica. El primer presupuesto es que «toda pregunta sobre un ente cualquiera es una pregunta sobre el *sentido* de este ente». Pero este sentido primeramente está disimulado, opaco, por lo que debe iluminarse mediante un esfuerzo hermenéutico. «Optar por el sentido es, pues, el supuesto más general de la hermenéutica.» Sólo que esto «no implica de ninguna manera que una subjetividad trascendental tenga el dominio soberano de ese sentido hacia el cual se dirige. Al contrario, la fenomenología podía encaminarse en la dirección opuesta, es decir, adoptar la tesis de la preeminencia del sentido sobre la conciencia de sí».[8] El segundo presupuesto fenomenológico es que la hermenéutica debe aceptar la experiencia del «distanciamiento»: aunque la conciencia se caracteriza esencialmente por su dependencia del sentido, ese sentido puede ser mantenido a distancia e interpretado. El tercer presupuesto es que la hermenéutica reconoce, como Husserl, el *carácter derivado* del orden lingüístico respecto del sentido y de las cosas. Aquí Ricœur parece alejarse de Gadamer. Pero nada de eso, porque Gadamer defendía también, para hablar como Habermas, la idea de una «porosidad» esencial del

---

8. P. Ricœur, *TA*, pág. 57 [trad. cast., *Del texto a la acción*, págs. 54 y 56].

lenguaje, abierto a todo y capaz de trascenderse a sí mismo. Ricœur saca la conclusión de que el orden lingüístico no es autónomo y que remite a una experiencia del mundo. Pero esa experiencia no se da más que por el cauce de una hermenéutica que se consagra a la interpretación de las objetivaciones de sentido.

## 3. El conflicto de las interpretaciones: la hermenéutica de la confianza y de la sospecha

Pero, ¿*cómo* interpretar las objetivaciones de sentido? Ésta era de alguna manera la cuestión de la hermenéutica clásica y será la cuestión de Ricœur. ¿Podemos abandonarnos a la inmediatez del sentido tal cual se da, de acuerdo con lo que parece ser la orientación fundamental de la exégesis bíblica y que Ricœur seguía todavía en el giro hermenéutico de la «Simbólica del mal» de 1960? Si la pregunta se plantea con esta rotundidad es porque Ricœur, después de haber terminado esa obra, tuvo que hacer frente a otras interpretaciones, más reductoras, que ponían precisamente en cuestión esa lectura ingenua del sentido. De este modo quiso destacar dos formas distintas de interpretación, en apariencia incompatibles:

1) La primera se basa en una *hermenéutica de la confianza* o de la «recolección del sentido»: acepta el sentido tal como éste se ofrece a la comprensión

y orienta la conciencia, sentido en el que se revela una verdad más profunda que incumbe explorar a una hermenéutica amplificante. Ricœur habla aquí de una teleología del sentido. Esta hermenéutica, cuyos paradigmas son la exégesis bíblica y la fenomenología de la conciencia, se consagra a la *comprensión* del sentido, en el sentido pleno que la daba Dilthey: se abre a las posibilidades de sentido y a lo vivido que se da a comprender más allá de esas expresiones.

2) Se opone a la anterior una *hermenéutica de la sospecha*, que desconfía del sentido tal como se le ofrece, porque puede traer a engaño a la conciencia. Lo que parece verdad puede que no sea sino un error útil, una mentira o una deformación, cuya arqueología subterránea se propone reconstruir una hermenéutica de la sospecha. Esta arqueología puede ser ideológica, social, pulsional o estructural. Éste es el tipo de hermenéutica que defendían los «maestros de la sospecha»: Feuerbach, Marx, Nietzsche, Freud y el estructuralismo. A la hermenéutica amplificante, teleológica, de la confianza se opone de este modo una interpretación *reductora*, entregada no a la comprensión, sino a la *explicación* de los fenómenos de la conciencia, reconducidos a una economía secreta y reprimida, y que se inspira ordinariamente en los modelos de explicación de las ciencias exactas.

Procedente de la filosofía reflexiva y del existencialismo, podríamos sospechar que Ricœur está más cercano a la fenomenología y a la hermenéutica de la confianza. Pero no es así en absoluto. En sus obras de la década de los sesenta se dedicó efectivamente sobre todo a los maestros de la sospecha, notablemente a Freud, en *De l'interprétation* (Freud. Una interpretación de la cultura), 1965, y al estructuralismo en *Le conflit des interprétations* (El conflicto de las interpretaciones), 1969. Ricœur postula en estas obras un planteamiento extraordinariamente conciliador, que no repudia en modo alguno nada de la hermenéutica reductora de la sospecha. Su idea directriz es que es preciso frecuentar la escuela de la sospecha si queremos destruir las ilusiones de la conciencia ingenua. Esta destrucción se muestra saludable a la conciencia, porque es la manera como llega a comprender mejor. Si el yo se pierde en la hermenéutica de la sospecha es únicamente para mejor reencontrarse, libre de sus ilusiones.

Al reconocer así un derecho igual a las dos grandes estrategias interpretativas, Ricœur demuestra que conserva un fino sentido de las «objetivaciones» y de las «construcciones de sentido» que es preciso interpretar. Y esto es lo que le mueve a resistirse al intento heideggeriano de subordinar todo a una hermenéutica ontológica de la comprensión,[9] pero también al intento gadameriano de poner en cuestión la primacía de la distancia metódica. Para

---

9. *TA*, pág. 33 [trad. cast., *Del texto a la acción*, pág. 35].

Gadamer, comprender no es estar frente a una objetivación que es preciso descodificar, sino estar aprehendido, habitado por el sentido. Gadamer hablaba a partir de ahí de una fusión entre el sentido y aquel que lo comprende. Éste es el acontecer de la comprensión que la hermenéutica debía esforzarse en justificar. Ricœur, por su parte, desconfía de esta fusión y sitúa de entrada la comprensión frente a las objetivaciones, que los planteamientos objetivantes del psicoanálisis y del estructuralismo nos ayudarán a descodificar. Pero esos planteamientos no deberían tener la última palabra, porque siempre es la conciencia la que también en estos casos intenta comprenderse. Según la gran divisa de Ricœur en esta época, «explicar más es comprender mejor».

*4. Una nueva hermenéutica de la explicación y de la comprensión, inspirada en la noción de texto*

Ricœur renueva de esta forma la manera de entender la distinción hecha por Dilthey entre la explicación de las ciencias exactas y la comprensión de las ciencias del espíritu. Pero en Ricœur no se trata tanto de una distinción metodológica entre dos tipos de ciencia como de dos operaciones complementarias de la conciencia, dentro de lo que él llamará cada vez más el «arco hermenéutico de la interpretación», es decir, el conjunto de operaciones entrelazadas que componen el esfuerzo hermenéutico. Una conciencia crítica debe desconfiar de la evidencia inmediata del sentido que ella comprende y se apropia de un modo natural. Debe aceptar tomar distancias frente a este sentido mediante el rodeo regenerador de una explicación que denuncia las ilusiones de la conciencia.

Se comprende que Ricœur haya querido asociar a Habermas con una hermenéutica del distanciamiento y a Gadamer con una hermenéutica de la pertenencia. Bajo estas nuevas designaciones, reconocemos fácilmente las hermenéuticas de la sospecha y de la confianza: si Gadamer pone el acento en la pertenencia de la comprensión al sentido transmitido por la tradición, la crítica de las ideologías pone en guardia contra la ideologización que oculta quizás esta manera de entender. La conciencia hermenéutica, tal como la entiende por tanto Ricœur, no debería permitirse ignorar las lecciones de una hermenéutica de la desapropiación. ¿No se apropia mejor de sí misma una conciencia desapropiada de sus ilusiones?

Ahondando en esta dialéctica del explicar y del comprender, aparece un nuevo tema en el itinerario de Ricœur a principios de la década de los setenta, que podemos asociar a la noción de texto. Ese nuevo tema llevó a una ampliación de su primera concepción de la hermenéutica: ésta ya no se dedicará solamente al desciframiento de símbolos con doble sentido, sino que se ocupará de cualquier conjunto significativo susceptible de ser comprendido y que pueda ser llamado «texto».[10] Pero, ¿cómo habrá que interpretar los textos? También en esto Ricœur ha quedado sumamente marcado por los planteamientos estructuralistas y semióticos (los de Greimas en particular), que consideran el texto como una unidad autorreferencial, cerrada en sí misma. La aceptación de estas interpretaciones supone a los ojos de Ricœur la primera etapa necesaria en el arco de la interpretación: «Una nueva época de la hermenéutica se abre a causa del éxito del análisis estructural; la explicación es en adelante el camino obligado de la comprensión.»[11] Pero el análisis estructural no debería ser el único. Como el mundo de un texto no se cierra nunca sobre sí mismo, abre un mundo que la conciencia puede habitar. La noción de texto remite además por sí misma a un acto de lectura en el que el mundo del texto es apropiado por un lector que de este modo alcanza a comprenderse mejor. En adelante es en la lectura donde se cumplirá la hermenéutica amplificante del sentido: «La interpretación de un texto se acaba en la interpretación de sí de un sujeto que desde entonces se comprende mejor, se comprende de otra manera o, incluso, comienza a comprenderse».[12] La tarea esencial de la hermenéutica será, pues, doble: «reconstruir la diná-

10. P. Ricœur, «Qu'est-ce qu'un texte?», en *TA*, págs. 137-159 [trad. cast., «¿Qué es un texto?», en *Del texto a la acción*, págs. 127-147].
11. *TA*, pág. 110 [trad. cast., *Del texto a la acción*, pág. 103].
12. *TA*, pág. 152 [trad. cast., *Del texto a la acción*, pág. 141].

mica interna del texto y restituir la capacidad de la obra de proyectarse al exterior mediante la representación de un mudo habitable».[13]

La nueva dialéctica afrontaba dos operaciones [la de explicar y la de comprender] que W. Dilthey había opuesto fuertemente a comienzos de siglo. El tratamiento de esta situación conflictiva entrañaba una revisión de mi concepción anterior de la hermenéutica, que hasta ese momento había sido solidaria de la noción de símbolo, entendido como una expresión con doble sentido, y había encontrado su estilo conflictivo en la competencia entre interpretación reductiva e interpretación amplificante. La dialéctica entre explicar y comprender, desplegada en el nivel del texto en tanto unidad mayor que la oración, se convertía en la gran cuestión de la interpretación, y constituía entonces el desafío principal de la hermenéutica.[14]

A partir de *Du texte à l'action* (Del texto a la acción), Ricœur adopta la siguiente definición de la hermenéutica: «es la teoría de las operaciones de comprensión relacionadas con la interpretación de los textos».[15] Y lo que ha fascinado aquí cada vez más a Ricœur es la amplitud casi infinita que puede alcan-

---

13. *TA*, pág. 32 [trad. cast., *Del texto a la acción*, pág. 34].
14. *Réflexion faite*, pág. 49 [trad. cast., *Autobiografía intelectual*, pág. 51].
15. *TA*, pág. 75 [trad. cast., *Del texto a la acción*, pág. 71].

zar la noción de «texto». Todo lo que es susceptible de ser comprendido puede ser considerado texto: no solamente los escritos mismos, claro está, sino también la acción humana y la historia, tanto individual como colectiva, que sólo serán inteligibles en la medida en que puedan leerse como textos. La idea que de ahí deriva es que la comprensión de la realidad humana se edifica con el concurso de textos y relatos. La identidad humana, por consiguiente, debe ser comprendida como una identidad esencialmente narrativa. La teoría del relato histórico, desarrollada en los años ochenta, permitirá aportar una nueva respuesta a la cuestión directriz de toda filosofía reflexiva: ¿Quién soy yo?

## 5. La hermenéutica de la conciencia histórica

El yo que se muestra en las hermenéuticas de la sospecha y del distanciamiento es con toda certeza un *cogito* quebrado, dice a menudo Ricœur. Debe renunciar al ideal de una transparencia integral, pero no puede dejar de comprenderse a partir de las objetivaciones de sentido, de los grandes «textos», literarios, filosóficos y religiosos, transmitidos por la historia de la humanidad y en los cuales se configura su experiencia radical de la temporalidad. En *Temps et récit* (Tiempo y narración), 1982-1985, Paul Ricœur presenta esta nueva concepción de la hermenéutica. Se sitúa ésta en la continuidad de la nueva amplitud que él ha reconocido a la noción de texto (y de lectura) en su hermenéutica del explicar y del comprender, pero la vemos más directamente orientada al servicio de una fenomenología de nuestra temporalidad esencial: el yo sólo puede dar sentido a su experiencia radical e inevitable del tiempo por la mediación de la configuración narrativa. El «yo quebrado» y que se reconoce como tal puede entonces darse cuenta de sus modestas pero reales «capacidades» de reconfigurar su propio mundo. La hermenéutica narrativa de Ricœur subrayará vigorosamente ambos aspectos: el carácter trágico de la condición humana, que no llegará nunca a una comprensión totalizante de sí misma, y la respuesta del hombre a esta aporía, la parte de iniciativa que le toca, pese a todo, en cuanto hombre capaz.

En su último volumen de *Tiempo y narración,* ambos momentos se entrecruzan en una «hermenéutica de la conciencia histórica». La fórmula no deja de recordarnos a Gadamer y su idea de una hermenéutica de la conciencia del trabajo de la historia. Ricœur le reconoce a Gadamer el mérito de haber insistido precisamente en el «ser-marcado-por-el-pasado»: «somos los agentes de la historia sólo en la medida en que somos sus pacientes», porque «nunca estamos en la condición absoluta de innovadores, sino siempre primeramente en la condición de herederos». Esta situación se debe ante todo, lo mismo que en Gadamer, a nuestra condición lingüística: «El lenguaje es la gran institución

—la institución de las instituciones— que nos ha precedido desde siempre a cada uno de nosotros». En cuanto seres parlantes, no sólo dependemos del sistema de la lengua, condición en la que insisten los planteamientos estructuralistas, sino también de las «cosas ya dichas, oídas y recibidas». El mundo tal como lo experimentamos es, pues, un mundo que se expresa en un lenguaje y a través de una identidad histórica que primeramente recibimos. Ésta es la razón, dice ahora Ricœur, por la cual «el distanciamiento, la libertad respecto a los contenidos transmitidos no pueden ser la primera actitud».[16] Ricœur se aproxima aquí mucho a Gadamer, quizá más que en cualquier otra parte de su obra.

Pero también en esta ocasión está menos atento a mantener la distancia metódica, objetivante, que a integrarla en la hermenéutica de la conciencia histórica. Según Ricœur, Gadamer habría reconocido la necesidad de esta integración al insistir en la noción de aplicación y en la idea de que la comprensión era siempre resultado de una fusión de horizontes entre el pasado y el presente. El presente tiene algo que decir en el acontecimiento de tradición que es la comprensión, pero es una respuesta que se perfila contra el fondo de una pertenencia primordial. Ricœur termina calificando de «lamentable»[17]

---

16. *Temps et récit*, vol. III, págs. 313, 320, 321 y 324 [trad. cast., *Tiempo y narración*, vol. III, págs. 953, 961 y 964].

17. *Temps et récit*, vol. III, pág. 314 [trad. cast., *Tiempo*

la polémica que había opuesto hermenéutica y crítica de las ideologías. Y es que las posiciones de Gadamer y de Habermas procederían de «dos lugares distintos», la reinterpretación de textos recibidos de la tradición en uno y la crítica de formas dialógicas de comunicación distorsionada en el otro. No era, pues, posible superponer sin más lo que Gadamer denomina prejuicio, en el sentido de prejuicio favorable, y el fenómeno ideológico que interesa a Habermas, es decir, la distorsión de la comunicación.

Así, si somos los herederos de la tradición, la identidad narrativa que heredamos de la historia no puede considerarse nunca estable y no está cerrada. Depende también de la respuesta que *podamos* aportarle a ella. La insistencia descansa en la capacidad de respuesta y a la iniciativa que la caracteriza. Lo que aquí se descubre es la dimensión ética del hombre capaz. Éste será el último foco de reflexiones hermenéuticas de Ricœur. La pregunta de la filosofía reflexiva «¿Quién soy yo?» dará lugar a la pregunta no menos hermenéutica que ética: «¿Qué puedo?»

---

*y narración*, vol. III, pág. 954]. Ricœur matiza entonces el juicio que había emitido en 1973 cuando hablaba de una dialéctica esencial entre la hermenéutica y la crítica de las ideologías.

## 6. Una fenomenología hermenéutica del hombre capaz

No somos únicamente los herederos pasivos de la historia. Nos está reservado un espacio de iniciativa. Una hermenéutica de la conciencia histórica debe por tanto desembocar en una fenomenología de las posibilidades del hombre capaz. Al desarrollar una filosofía hermenéutica de la ipseidad, el último Ricœur se reconcilia con lo que él llama una de sus «más antiguas convicciones», a saber que

> el sí del conocimiento de sí no es el yo egoísta y narcisista cuya hipocresía e inseguridad, cuyo carácter de superestructura así como el arcaísmo infantil y neurótico, han denunciado las hermenéuticas de la sospecha. El sí del conocimiento de sí es el fruto de una vida examinada, según la expresión de Sócrates en la *Apología*. Y una vida examinada es, en gran parte, una vida purificada, clarificada, gracias a los efectos catárticos de los relatos tanto históricos como de ficción transmitidos por nuestra cultura. La ipseidad es así la de un sí instruido por las obras de la cultura que se ha aplicado a sí mismo.[18]

La identidad narrativa variará, en consecuencia, según las comunidades, pero también según los individuos. En ambos casos, el sí mismo puede recon-

---

18. *Temps et récit*, vol. III, pág. 356 [trad. cast., *Tiempo y narración*, vol. III, pág. 998].

figurar en cierta medida su identidad narrativa. En su fenomenología del hombre capaz, cuyos grandes rasgos ha recordado en su *Parcours de la reconnaissance* (Camino del reconocimiento), obra aparecida un año antes de su muerte, Ricœur parte de los usos principales según los cuales se dice *«je peux»* en francés:[19] «Puedo hablar, puedo hacer, puedo contar, puedo hacerme responsable de mis acciones y hacer que me sean imputadas como su verdadero autor». Esos cuatro usos abren, respectivamente, los campos de la filosofía del lenguaje, de la filosofía de la acción, de la teoría narrativa y de la filosofía moral.

Pero el título general del proyecto filosófico de Ricœur sigue siendo el de una «hermenéutica de la ipseidad».[20] La fórmula recuerda de alguna manera la idea heideggeriana de una hermenéutica de la facticidad. Pero la hermenéutica no remite aquí a los símbolos o a los textos, según las dos primeras concepciones de la hermenéutica de Ricœur, sino al sí mismo. La hermenéutica toma ahora la forma de una «ontología fundamental», que da preferencia a las nociones de acto, potencia y posibilidad, a dife-

19. *Parcours de la reconnaisance*, París, Stock, págs. 137-163 [trad. cast., *Caminos del reconocimiento*, Madrid, Trotta, 2005, págs. 101-118].

20. *Soi-même comme un autre*, París, Éd. du Seuil, 1990, pág. 345 [trad. cast., *Sí mismo como otro*, México, Siglo XXI, 1996, pág. 328]; *Parcours de la reconnaisance*, pág. 137 [trad. cast., *Caminos del reconocimiento*, pág. 101].

rencia de la aceptación sustancialista que habría prevalecido en la filosofía clásica.[21] Ricœur parece atenuar aquí la crítica de la vehemencia «ontológica» que caracterizaba todavía sus primeras intervenciones hermenéuticas. Si la ontología es para Heidegger un punto de partida, para Ricœur será un punto de llegada.

Podemos ver en esta ontología hermenéutica del hombre capaz el punto de llegada de los caminos recorridos por Ricœur, pero también un retorno a la problemática reflexiva que había dado el saque inicial a su «rodeo por la hermenéutica». Esta hermenéutica del sí recuerda acertadamente que el-ser-marcado-por-el-pasado, sobre el que había insistido Gadamer, no es la única determinación de la conciencia. El hombre, ser de posibilidades, puede configurar su mundo (pero también su pasado, mediante la memoria, el perdón, el reconocimiento). Habiendo tomado lecciones esenciales de la escuela de la sospecha, esta hermenéutica abandona de una vez por todas la falsa ilusión de una plena posesión de sí por la reflexión, pero esta destrucción no podría conducir a una resignación fatalista ante el destino implacable del trabajo de la historia. Nos ayuda, por el contrario, a redescubrir los recursos

---

21. *La mémoire, l'histoire et l'oubli*, París, Éd. du Seuil, 2000, pág. 639 [trad. cast., *La memoria, la historia, el olvido*, Madrid, Trotta, 2003, pág. 640 (véase también págs. 453-515)].

éticos del «sí mismo capaz» ante el mal y la injusticia reales que le envuelven.

La dimensión ética de esta hermenéutica del sí mismo recae sobre el sentido. *Sí mismo como otro* ha desarrollado, además, una «pequeña ética»,[22] que se esfuerza en delimitar la tensión ética fundamental al decir que se caracteriza por «la intencionalidad de la vida buena con y para otro en instituciones justas». Pero ese sentido de la justicia y de la vida buena no cae del cielo. Como seres históricos, somos los herederos de promesas fundadoras,[23] de esperanzas por tanto, cuya memoria es la hermenéutica del sí. Ricœur nos hace ver de este modo que, si una hermenéutica sin ética está vacía, una ética sin hermenéutica es ciega.

---

22. *Soi-même comme un autre*, pág. 202 [trad. cast., *Sí mismo como otro*, pág. 176].
23. *Parcours de la reconnaissance*, pág. 197 [trad. cast., *Caminos del reconocimiento*, pág. 92].

# VIII

## Hermenéutica y deconstrucción

*1. Deconstrucción, hermenéutica e interpretación en Derrida*

El encuentro, ya célebre, entre Hans-Georg Gadamer y Jacques Derrida (1930-2004), que tuvo lugar en París en 1981, dio lugar a una verdadera confrontación entre una hermenéutica de la confianza y una hermenéutica de la sospecha. Sin embargo, a diferencia de los conflictos de interpretación que oponen las más de las veces la hermenéutica de la confianza y la de la sospecha, ambos pensadores tenían orígenes comunes: lo mismo que Gadamer, Derrida había partido también del programa «hermenéutico» de Heidegger en *Ser y tiempo,* pero de él retuvo sobre todo el aspecto «destructor», es decir, su intención de poner al descubierto los presupuestos metafísicos de la tradición occidental.

Derrida recupera especialmente la idea heideggeriana según la cual el pensamiento occidental, o «metafísica» (aquella que, de Platón a Hegel, aspiraba a una explicación global del ser), estaría dominada por una determinación del ser como presencia:[1] el ser que se ofrece a una mirada que le impone su perspectiva de dominio. Aprovechándose, además, de una formación estructuralista, Derrida aplica esta intuición a la interpretación de los signos, lo que le lleva a poner en cuestión la concepción considerada «metafísica» del sentido y de la verdad misma. En la lingüística de Ferdinand de Saussure, la noción de sentido se expresa a través del binomio *significante/significado*. El significante (o signo) remite entonces a una «presencia significada», que se encarnaría en una presencia plena de la cosa o de la referencia. Sólo que, cuando intentamos pensar ese significado, nos damos cuenta de que únicamente es posible hacerlo en el orden de los signos o del discurso. El «sentido» permanece, pues, diferido para siempre, por el juego de lo que Derrida llama la «différance», con la que hay que entender a la vez la *différence* (supuesta) entre el signo y el sentido y el *aplazamiento* (infinito) de su cumplimiento, porque no se sale nunca en última instancia del imperio de los signos.

Derrida reconocía de esta manera un papel preponderante a la constitución lingüística de la com-

---

1. Véase J. Derrida, «La estructure, le signe et le jeu dans le discours des sciences humaines», en *L'écriture et la différence*, París, Éd. du Seuil, 1967, pág. 411 [trad. cast., «La estructura, el signo y el juego en el discurso de las ciencias humanas», en *La escritura y la diferencia*, Barcelona, Anthropos, 1989, pág. 383].

prensión, cosa que parecería acercarlo a Gadamer. Pero a los ojos de Derrida la distancia es aquí más grande que la proximidad aparente. Derrida se confiesa, en efecto, bastante más «estructuralista» que Gadamer o incluso que Heidegger: mientras que para estos últimos es al «ser» a lo que el lenguaje llega con la palabra, el «ser» no será ya para Derrida más que un efecto de la *différance*, porque permanecería inalcanzable fuera de los signos que lo expresan. En un texto frecuentemente citado, Derrida escribirá: *«Il n'y a pas de horstexte»* («no hay texto-exterior»).[2] Nos podemos preguntar aquí (y será una de las críticas de Gadamer) si esta deconstrucción no sucumbe, a su manera, al nominalismo del pensamiento moderno al concentrarse exclusivamente en el orden de los signos y de las oposiciones lingüísticas. Sucedería así que el mismo Derrida sería víctima de una «metafísica de la presencia», en este caso la de los signos mismos.

La destrucción de la metafísica de Heidegger adopta, pues, en Derrida la forma de una deconstrucción de la lógica del pensamiento que nos lleva a creer en la idea de una presencia real del sentido fuera de los signos, que son los causantes del espejismo, pero que en realidad no hacen más que refle-

---

2. J. Derrida, *De la grammatologie*, París, Minuit, 1967, pág. 227 [trad. cast., *De la gramatología*, México, Siglo XXI, 1971, [7]2003, pág. 202: «No hay fuera del texto»].

jarse a sí mismos. Esta radicalización del proyecto «destructor» de Heidegger obliga a Derrida a pregonar una sospecha firme frente al proyecto *hermenéutico*. Si le parece sospechoso, es porque lo identifica a un objetivo de inteligibilidad y de desciframiento que busca un sentido último más allá de los signos (concepción que le llega quizá de Ricœur y de su hermenéutica «recuperadora» del sentido). Derrida no solamente creerá que hay en esto una ilusión metafísica, sino que no cesará de denunciar una voluntad imperial de *apropiación*. La destrucción heideggeriana se empareja aquí con la crítica de la voluntad de comprensión en Levinas, para quien esa comprensión haría necesariamente violencia a la alteridad que intentaría «poseer» imponiéndole su voluntad totalizante. Para Derrida, lo imperativo no es «comprender» al otro, sino *interrumpir* precisamente la voluntad de comprensión, que él considera representativa de la «metafísica».

En un sentido que no ha pasado inadvertido a los comentaristas, Derrida no deja de defender una concepción que, por otro lado, es posible calificar de «panhermenéutica», porque precisamente niega que sea posible hallar sentido fuera del discurso, ya que toda relación con el ser no es más que el juego de las interpretaciones. Frente a esta «universalidad del lenguaje», Derrida distingue con cuidado dos estrategias posibles, o «dos interpretaciones de la interpretación, de la estructura, del signo y del juego»:

1) «Una pretende descifrar, sueña con descifrar una verdad o un origen que se sustraigan al juego y al orden del signo, y que vive como un exilio la necesidad de la interpretación.» Derrida piensa aquí en la hermenéutica clásica, todavía metafísica, que busca captar, incluso percibir un «sentido», esperado como una presencia viva, detrás de los signos. Pensamos aquí en autores como Heidegger, Ricœur y Gadamer. Derrida contrapone atrevidamente *otra* interpretación de la interpretación:

2) «La otra, que no está ya vuelta hacia el origen, afirma el juego e intenta pasar más allá del hombre y del humanismo, dado que el nombre del hombre es el nombre de este ser que, a través de la historia de la metafísica o de la ontoteología, es decir, del conjunto de su historia, ha soñado con la presencia plena, el fundamento tranquilizador, el origen y el final del juego.» Esta idea de una presencia plena e inmediata ya no es posible después del estructuralismo, estima Derrida. Es la cara «triste» de esta «segunda interpretación de la interpretación», pero implica también un aspecto liberador y lúdico en su renuncia a la idea de una verdad que apremia. Derrida dice que es Nietzsche «quien ha señalado el camino» hacia esta «segunda interpretación de la interpretación» y con ella se solidariza Derrida con un entusiasmo declarado:

> En cuanto que se enfoca hacia la presencia, perdida o imposible, del origen ausente, esta temática

estructuralista de la inmediatez rota es, pues, la cara triste, *negativa*, nostálgica, culpable, rousseauniana, del pensamiento del juego, del que la otra cara sería la *afirmación* nietzscheana, la afirmación gozosa del juego del mundo y de la inocencia del devenir, la afirmación de un mundo de los signos sin falta, sin verdad, sin origen, que se ofrece a una interpretación activa.[3]

A partir de 1967, Derrida daba a entender que esas dos interpretaciones de la interpretación eran «absolutamente inconciliables», y que su propósito era «agudizar su irreductibilidad». Son de alguna manera las dos interpretaciones de la interpretación que iban a verse las caras con ocasión de un debate público que tuvo lugar entre Gadamer y Derrida en el Instituto Goethe de París, en abril de 1981.

## 2. *El encuentro parisino entre Derrida y Gadamer*

A pesar de sus numerosos puntos de partida comunes –pensemos en su descendencia heideggeriana, en su crítica al cientificismo, pero sobre todo en su tesis común, aunque diferente, en lo tocante a la universalidad del lenguaje–, el encuentro de 1981 habrá sido sin duda un fracaso en la medida en que

---

3. J. Derrida, *L'écriture et la différence*, pág. 427 [trad. cast., *La escritura y la diferencia*, pág. 400].

habría dado lugar a un diálogo de sordos.[4] Pero es precisamente por esa misma razón que habrá sido quizás instructivo e incluso fecundo. En todo caso, habrá sido un acontecimiento, cuya importancia ha ido creciendo con el transcurso de los años.

Gadamer presentó primero una conferencia sobre «El desafío hermenéutico».[5] Hacía en ella alusión al desafío que su pensamiento hermenéutico había querido lanzar, pero también al desafío que significaba para él el encuentro con Derrida, cuya obra le era bastante familiar (la recíproca era menos verdadera). Gadamer podía reconocerse en cierta medida en el proyecto derridiano que tiene por objeto deconstruir del lenguaje conceptual de la meta-

---

4. Los textos presentados a partir del encuentro fueron publicados en la *Revue internationale de philosophie* 151 (1984). Se encuentra una documentación más completa en la obra colectiva editada por D. Michelfelder y R. Palmer, *Dialogue and Deconstruction. The Gadamer-Derrida Encounter*, Albany, State University of New York Press, 1989. Véase también la obra colectiva alemana editada por P. Forget, *Text und Interpretation*, Múnich, W. Fink, 1984. El texto presentado por Derrida sólo figura en las ediciones americana y alemana. Véase también A. Gómez Ramos, «Diálogo y deconstrucción. Los límites del encuentro entre Gadamer y Derrida», en *Cuaderno gris*, época III, 3, 1998 (H.-G. Gadamer, «Texto e interpretación», págs. 17-42; J. Derrida, «Las buenas voluntades de poder», págs. 43-44; H.-G. Gadamer, «Pese a todo, el poder de la buena voluntad», págs. 45-48; J. Derrida, «Interpretar las firmas: Nietzsche/Heidegger», págs. 49-64). Las traducciones incorporadas aquí corresponden a estos últimos textos.

5. Se observará que el texto de Gadamer publicado por la

física. Pero el maestro de la hermenéutica entendía sobre todo por tal el vocabulario esclerosado del pensamiento, este que se aleja de un «diálogo vivo», de donde procede toda lengua verdadera: la destrucción, en sentido positivo, consiste para él en reinscribir un concepto que se ha vuelto vacío en la lengua de la que ha surgido y que le da todo su sentido.[6] Pero es precisamente esta remisión constante del pensamiento al diálogo de la lengua viva lo que lo llevó a poner en cuestión la idea de que había un lenguaje cerrado de la metafísica: «Diría que mi idea es propiamente la siguiente: no existe un lenguaje conceptual, ni siquiera el de la metafísica, que pueda circunscribir el pensamiento de una manera definitiva, a poco que el pensador se entregue al lenguaje, lo cual implica que acepta el diálogo con los otros pensadores, que pueden pensar de otra manera».[7]

---

*Revue internationale de philosophie* (= *RIP*) sólo comprende ocho páginas (págs. 333-340) mientras que cuenta con treinta y dos en la edición alemana. La versión más larga de este texto, cuyo título ha pasado a ser «Texte et interpretation», se encuentra en *L'art de comprendre*, vol. 2, Aubier, 1991, págs. 193-234 [trad. cast., «Texto e interpretación», en *Verdad y método*, II (=*VMII*), Salamanca, Sígueme, 2006, págs. 319-347].

6. *RIP*, pág. 336. Gadamer volverá a menudo en sus escritos posteriores, sobre todo en «Deconstrucción y hermenéutica» (en *El giro hermenéutico*, Madrid, Cátedra, 2007, págs. 73-84) y «Déconstruction herméneutique» (en *La philosophie herméneutique*, París, PUF, 1996) a este sentido primero de la deconstrucción heideggeriana que Derrida habría ignorado.

7. *RIP*, 1984, págs. 334-335 [Véase «Texto e interpreta-

Al recordar que su concepción del lenguaje brotaba de la experiencia del diálogo vivo y de su promesa de autotrascendencia, Gadamer evocaba también, con ánimo benevolente, las esperanzas que ponía en el diálogo que creía poder mantener con Derrida. Esa experiencia hermenéutica del diálogo la ilustraba Gadamer a partir de la experiencia del arte y de la historia de la filosofía, en la que el intérprete entra en diálogo con aquello que le interpela, pero no sin salir del mismo transformado. Ahora bien, lo que se nos dice en una obra de arte, insistía Gadamer, nunca consigue expresarse conceptualmente. El carácter incompleto de la experiencia de sentido forma esencialmente parte de la finitud humana. Gadamer quería subrayar con ello su acuerdo con la idea derridiana de una «*différance*» infinita del sentido.

Tras recordar estos elementos comunes, Gadamer explica entonces por qué este encuentro «con el escenario francés» representa para él todo un desafío. El hecho es que Derrida, pese a su compromiso con la idea de destrucción, acusa a Heidegger de logocentrismo por continuar planteando la cuestión del sentido o de la verdad del ser, pensando de este modo el sentido como un dato que podríamos encontrar en cualquier parte. En esto Nietzsche sería más radical para Derrida, por su idea según la cual la interpretación no sería el descubrimiento de un

---

ción», en *VM II*, Salamanca, Sígueme, pág. 321].

sentido, sino un acomodarse al juego de las perspectivas y las máscaras. Y en este sentido se criticaría la lectura heideggeriana de Nietzsche «en Francia»: Nietzsche no sería el que habría llevado la metafísica a su cumplimiento al pensar el ser como valor, sino más bien el que permitiría superarla mejor que Heidegger, al afirmar el juego infinito de las interpretaciones. El debate, a los ojos de Gadamer, remitía por tanto a la cuestión de saber quién, Heidegger o Nietzsche, era el más radical.

Sobre esta cuestión, Gadamer enseñaba sus cartas mostrando su solidaridad con Heidegger: «Heidegger supera del todo a Nietzsche». Gadamer reprocha a los herederos franceses de Nietzsche no apreciar en su justa medida el carácter explorador y seductor de su pensamiento. Esto es lo que llevaría a pensar que la experiencia del ser de Heidegger era «más radical en el extremismo de Nietzsche».[8] Pero no es así en realidad, piensa Gadamer. La superioridad de Heidegger se debe al hecho de que ha conseguido inscribir la noción nietzscheana de «valor» en la continuidad de la metafísica occidental. Y este pensamiento metafísico axiológico (y de la aporía de un pensamiento que quiere promover una transmutación de los valores) es lo que Heidegger habría superado al pensar, él, una experiencia del ser que no

---

8. *RIP*, 1984, pág. 338. Véase H.-G. Gadamer, *El giro hermenéutico*, Madrid, Cátedra, 2007, págs. 57 y 92; *VM II*, págs. 322-323.

se reduce a una manifestación mensurable, un ser por tanto que no se entrega jamás del todo, sino que retiene parte de su misterio. Heidegger iba, pues, más lejos que Nietzsche al contemplar un ser que no se reduce a su valor contable y a su utilidad técnica.

Ésta es una intuición que Gadamer dice haber recuperado con convicción, no sin darle un giro derridiano: «Yo procuré a mi vez no olvidar el límite que va implícito en toda experiencia hermenéutica de sentido».[9] La hermenéutica reconocería perfectamente que el ser no puede jamás ser objeto de una comprensión totalizante, como la que critican Heidegger y Derrida. Al reconocer límites a toda interpretación del sentido, la hermenéutica invitaba a partir de ahí a abrirse al otro, «a la potencialidad de la alteridad»: «La mera presencia del otro a quien encontramos, ayuda, aun antes de que él abra la boca, a descubrir y a abandonar la propia clausura».[10] Esta apertura al otro parecía testimoniar su disposición a dialogar con Derrida y a aprender cosas de él.

La gran sorpresa del encuentro de 1981 fue que nada parecía indicar una disposición parecida en Derrida. Tras la exposición de Gadamer, Derrida pronunció su conferencia sobre la firma en Heidegger y Nietzsche, pero en ella no hacía ninguna

---

9. *RIP*, 1984, pág. 338; *VM II*, pág. 323.
10. *RIP*, 1984, pág. 340; *VM II*, pág. 324.

alusión a Gadamer. Nadie pensó en reprochárselo, pero la asimetría era clamorosa, tanto más que el maestro de la hermenéutica era allí el de más edad. Para hacer posible un remedo de diálogo, los organizadores invitaron a Derrida a plantearle algunas preguntas a Gadamer al día siguiente de la conferencia. Las tres breves aunque muy acertadas preguntas que propuso a Gadamer han alimentado todo el debate posterior entre hermenéutica y deconstrucción.

La primera pregunta de Derrida se refería a la llamada a la buena voluntad de la que había hablado Gadamer. Si esta pregunta parecía a primera vista bastante insólita es porque no formaba parte del tema central de su conferencia. Gadamer sólo se había referido a ella para subrayar la idea, banal a sus ojos, de que aquellos que se comprometen a un diálogo buscan comprenderse y dan pruebas de un mínimo de apertura al otro. Gadamer no veía en ello más que una evidencia de sentido común.

Pero era la evidencia de esta evidencia lo que cuestionaba Derrida. Este axioma incondicional, se preguntaba Derrida, «¿no presupone, sin embargo [...] que la voluntad es la forma de dicha incondicionalidad, el recurso absoluto, la determinación última?».[11] Toda la fuerza de esta interrogación la daba la referencia a Heidegger: «¿No pertenecería dicha determinación última a lo que Heideg-

---

11. *RIP*, 1984, pág. 342; J. Derrida, «Las buenas voluntades de poder», en *Cuaderno gris*, época III, 3, 1998, págs. 43-44.

ger llama, precisamente, la determinación de ser del ente como voluntado o como subjetividad voluntaria? ¿No pertenece ese discurso, en su propia necesidad, a una época, al de la metafísica de la voluntad?»

En su segunda pregunta, Derrida buscaba limitar la pretensión de esta buena voluntad amparándose en el psicoanálisis, pero también en Nietzsche. Derrida da a entender entonces que su concepción de la interpretación «estaría quizá más cerca de la interpretación de tipo nietzscheano que de cualquier otra tradición hermenéutica». Se pensó espontáneamente en la segunda interpretación de la interpretación que exaltaba *La escritura y la diferencia*, aquella que afirma gozosamente el juego infinito de los signos, sin verdad, que renuncia por tanto a la idea de un desciframiento último. A Derrida le sorprendió en ese contexto la alusión de Gadamer a la idea de un diálogo «vivo», que él vinculaba a una búsqueda de sistema: «Éste fue ayer uno de los aspectos más decisivos y, a mi juicio, de los más problemáticos de todo lo que se nos dijo sobre la coherencia del contexto que puede ser sistemática o no, pues no toda coherencia tiene necesariamente la forma de un sistema».

Derrida asociaba por consiguiente la hermenéutica a la idea de sistema, digamos a una voluntad de comprensión, que según él confina con un apetito de dominación y de totalización: ¿no es acaso comprender integrar lo otro en un sistema totalizante? Y en la medida en que el pensamiento de Derrida se opone a esta voluntad de dominación puede calificarse de antihermenéutico.

La tercera pregunta centraba además el debate en el término mismo de comprensión: «Podemos preguntarnos si la condición del *Verstehen,* en lugar de ser el *continuum* de una "relación", como se dijo ayer, no consiste, más bien, en la interrupción de la misma, en una determinada relación de interrupción, en la suspensión de toda mediación». Derrida identifica aquí la comprensión con una forma de violencia infligida al otro: ¿no obliga la voluntad de comprender al otro a doblegarse, a conformarse a los esquemas de pensamiento que yo le pongo y que, por este hecho mismo, dejan de lado *su* especificidad? Dicho de otra manera: ¿nace necesariamente la apertura hacia el otro de un esfuerzo de «comprensión»? Podemos expresar esta sospecha bajo la forma de una paradoja: ¿comprendo *al otro* cuando *yo* le comprendo?

La primera reacción de Gadamer estuvo marcada por la incomprensión. Lo que le irritaba era que Derrida parecía socavar la posibilidad misma del encuentro poniendo en cuestión las nociones mismas de buena voluntad, diálogo y comprensión. Por más que Gadamer sostuviera que sus palabras estaban a mil kilómetros de toda metafísica y que sólo aludía a la voluntad elemental de comprensión propia de quien abre la boca para ser comprendido y las orejas para comprender al otro, todo fue inútil. Con esas bases, parecía del todo imposible entenderse con Derrida.

Pero el debate de fondo se refería precisamente a la posibilidad misma de la comprensión, y esto es lo que hace tan interesante el fracaso en entenderse en este caso particular. Para Gadamer, la comprensión es siempre por lo menos posible, mientras que, para Derrida, no lo es nunca realmente. Si la comprensión es siempre posible para Gadamer, es porque la búsqueda de sentido informa todo lenguaje, pero esto no quiere decir que dicha búsqueda se satisfaga siempre. Podría ser que fuera la insaciabilidad del esfuerzo por comprender lo que anima a la búsqueda de la verdad, la apertura a un sentido, que sin embargo siempre queda *diferido*, para recuperar la terminología de Derrida. Y ésta es la *diferencia* que incita a Derrida a no fiarse de la voluntad de comprensión. ¿Alcanza realmente la comprensión al otro? ¿No queda siempre prisionera, a pesar suyo, de sistemas, estructuras y signos, que ocultan lo que se encierra en los signos y que no llega nunca a expresarse? El discurso, podríamos decir, es de alguna manera el peor enemigo del decir, como la comprensión lo es del sentido que sería preciso entender.

### 3. Las consecuencias del encuentro

Un verdadero encuentro transforma siempre a sus interlocutores. Aunque la primera actitud de Gadamer fue de estupefacción, las objeciones de Derrida no cayeron en saco roto. Después del encuentro de 1981, Gadamer se refería a menudo a su debate con Derrida.[12] Si el desafío lanzado por Derrida le condujo a Gadamer a poner de relieve algunas diferencias esenciales entre su proyecto hermenéutico y el de la deconstrucción, posiblemente le condujo también a revisar tácitamente algunas tesis de su hermenéutica.

La crítica de Derrida a la metafísica de la voluntad iba un poco demasiado lejos, pero quizás habrá llevado a Gadamer a atenuar el aspecto algo «apropiante» del concepto de comprensión que había presentado en *Verdad y método*. La comprensión aparece en esta obra, efectivamente, como una forma de aplicación y apropiación: comprender un significado extranjero es hacerlo propio mediante una aplicación o una traducción a nuestra lengua. Pero, ¿no obedece esta noción de comprensión a una voluntad casi hegeliana de apropiación? ¿Comprendo el significado extranjero en su especificidad cuando lo aplico a *mi* situación? No sabríamos decir si la crítica de Derrida ha sido determinante o no, pero parece que el último Gadamer corrigió algo esta concepción de la comprensión. Hallamos un ejemplo discreto en una pequeña nota que añadió en 1986 al capítulo de *Verdad y método* consagrado a la distancia temporal, anterior al capítulo en

---

12. Véanse los textos más recientes «Romanticismo temprano, hermenéutica, deconstructivismo» y «Tras las huellas de la hermenéutica», ambos en *El giro hermenéutico*, Madrid, Cátedra, 1998, 2007, págs. 57-71 y 85-115.

que habla de la aplicación: «Aquí se corre siempre el riesgo, en la comprensión, de "apropiarse" de lo otro e ignorar la alteridad».[13] Texto verdaderamente corto, pero que en ese contexto preciso equivale casi a una autocrítica. Ciertamente, Gadamer no se replantea nunca la idea de que la comprensión supone una parte de aplicación, pero en 1986 presta más atención al riesgo de una comprensión que, al apropiarse del otro, quizás ejerce violencia a su alteridad. Aunque no hablaba directamente de la noción de aplicación, la tenía ciertamente en mente Derrida cuando se preguntaba por la metafísica de la voluntad que podía estar subyacente en el pensamiento hermenéutico. De modo que el encuentro entre hermenéutica y deconstrucción quizá no haya sido tan estéril como se dice con frecuencia.

De lo mismo tenemos una última confirmación en una «definición» de hermenéutica a la que el último Gadamer no cesó de referirse. En sus últimos escritos, Gadamer ha subrayado frecuentemente que el alma de la hermenéutica consistía en reconocer que «quizá sea el otro quien pueda tener razón».[14] La comprensión aparece entonces no tanto una apropiación como una apertura al otro y a sus razones. Igualmente, Gadamer ha hablado en sus últimos escritos mucho menos de la universalidad del lenguaje que

13. *GW* I, pág. 305; *El giro hermenéutico*, págs. 73-78.
14. Véase «Un entretien avec Hans-Georg Gadamer», en *Le Monde*, París, 2 enero 1995; *L'héritage de L'Europe*, París, Rivages, 1996, pág. 141.

de los «límites del lenguaje» respecto a todo lo que puede ser dicho. La experiencia fundamental de una hermenéutica de la finitud no es solamente la de la condición lingüística de la comprensión, sino también la de los límites del lenguaje respecto a todo lo que debería poder decirse.[15] No es imposible que estos acentos nuevos de la hermenéutica gadameriana, sobre la apertura a la alteridad del otro y sobre los límites del lenguaje, sean frutos del encuentro entre la deconstrucción y la hermenéutica.

## 4. *El último diálogo entre Derrida y Gadamer*

Durante mucho tiempo se ha creído que Gadamer había sido el único en proseguir su diálogo interior con Derrida. Sin embargo, tras la muerte de Gadamer, el 13 de marzo de 2002, Derrida confesó que este diálogo tampoco había dejado nunca de acompañarle. El 15 de febrero de 2003, pronunció una conferencia en memoria de Gadamer en la Universidad de Heidelberg con el título *Béliers. Le dialogue ininterrompu: entre deux infinis, le poème* (París, Galilée, 2003).

---

15. Véase el ensayo de 1985 sobre «Les limites du langage» en *La philosophie herméneutique*, págs. 169-184, y «Europa y la "oikumene"», en *El giro hermenéutico*, pág. 227, donde puede leerse que «el principio supremo de toda hermenéutica filosófica es [...] que nunca podemos decir completamente lo que en realidad hemos querido decir».

El título de la conferencia que proponía una lectura magistral de un poema de Celan, recuperaba ya una idea querida de Gadamer, la del diálogo. Pero lo paradójico es que Derrida hablara de un «diálogo ininterrumpido» en el momento preciso en que la muerte llega para interrumpirlo. Pero, para Derrida, esta muerte forma parte íntima del diálogo que se entabla entre dos amigos. La ley implacable de la amistad impone que uno de ellos sobreviva a la muerte del otro. Al superviviente le toca entonces llevar a su amigo dentro de sí. El «diálogo ininterrumpido» es el que Derrida reconoce estar condenado a continuar solo, llevando al amigo dentro de sí, según el *leitmotiv* que adopta de un verso de Celan: *Die Welt ist fort, ich muss dich tragen.* («El mundo se ha ido/ahora yo debo llevarte»). Es como si Derrida quisiera responder de esta manera a la idea de un «diálogo vivo», evocada por Gadamer en 1981, con la de un diálogo póstumo, en el que el superviviente debe hacer hablar dentro de sí la voz del amigo que se ha ido.

La idea de un diálogo «ininterrumpido» no deja de hacerse eco del papel que tuvo la noción de interrupción en la confrontación de 1981. En la tercera cuestión Derrida se preguntaba ya si la idea de comprensión no debía entenderse más bien a partir de la idea de interrupción que de la de continuidad: «Podemos preguntarnos si la condición del *Verstehen*, en lugar de ser el *continuum* de una "relación", como se dijo ayer, no consiste, más bien, en la interrupción de la misma, en una determinada relación de interrupción, en la suspensión de toda mediación». Esta noción de ruptura tiene quizás algo que ver con lo que Derrida afirma por otro lado a propósito del carácter testamentario de toda palabra: es un legado que sobrevive a su autor, y que el amigo debe llevar sobre sí cuando uno de los dos desaparece.

Derrida ha dejado un nuevo testimonio de esta amistad en un texto que publicó en alemán sólo dos semanas después de la muerte de Gadamer, con el título «Comme il avait raison! Mon Cicérone, Hans-Georg Gadamer».[16] En él revelaba la tierna admiración que siempre había sentido por Gadamer, ese *bon vivant,* que tanto amaba vivir y cuya capacidad de afirmar la vida tanto envidiaba, un don del que Derrida se confesaba privado. Por esto, confiesa Derrida:

> No creo en la muerte de Gadamer. No consigo creer en ella. Se me había hecho costumbre, me atrevo a decir, creer que Gadamer no iba a morir jamás. Que no era hombre para morirse. [...] Después de 1981, fecha de nuestro primer encuentro [...], todo lo que me llegaba de él me proporcionaba tanta serenidad que tenía la impresión de que Gadamer mis-

---

16. En G. Leroux, C. Lévesque y G. Michaud (eds.), «*Il y aura ce jour...*». *À la mémoire de Jacques Derrida*, Montreal, À l'impossible, 2005, págs. 53-56; también en la revista *Contrejour* 9, 2006, págs. 87-91.

mo, en persona, me la comunicaba, por una especie de contagio o de radiación filosófica. ¡Me gustaba tanto verle vivir, hablar, reír, andar, renquear incluso, y comer y beber! ¡Mucho más que yo! Envidiaba esa fuerza que en él afirmaba la vida, y que parecía invencible. Estaba incluso convencido de que Gadamer no merecía morir, porque teníamos necesidad de ese testimonio absoluto, de alguien que asiste y participa en todos los debates filosóficos del siglo.

Y porque Gadamer no merecía morir jamás Derrida pensaba poder continuar al infinito el diálogo con su pensamiento, del que confiesa haberse zafado de alguna manera en 1981. La desaparición brutal de Derrida el 9 de octubre de 2004 interrumpirá ese diálogo póstumo. A sus amigos incumbe, pues, la tarea de continuar esta conversación entre «dos infinitos», la hermenéutica y la deconstrucción.

# IX

# La hermenéutica posmoderna: Rorty y Vattimo

A diferencia de Derrida, Richard Rorty (1931-2007) y Gianni Vattimo (nacido en 1936) se han valido del pensamiento hermenéutico, pero para orientarlo hacia un sentido más «relativista» o «posmoderno». Ambos se apoyan en la célebre fórmula de Gadamer: «El ser que puede ser comprendido es lenguaje», pero para sacar de ella la conclusión que es ilusorio pretender que nuestra comprensión se apoye en una realidad objetiva que pudiera ser alcanzada por nuestro lenguaje. Como todo depende finalmente del lenguaje habría que renunciar a la idea de una adecuación del pensamiento a lo real. Esto es lo que llevó a Rorty al pragmatismo y a Vattimo a un «nihilismo consumado».

*1. Rorty: adiós pragmatista a la noción de verdad*

En su obra *Philosophy and the Mirror of Nature* (La filosofía y el espejo de la naturaleza), aparecida en

1979, Rorty lanza la promoción de una nueva alianza entre el pragmatismo americano y la hermenéutica de obediencia gadameriana. Su intención es mostrar por qué la filosofía debe decir adiós a un conocimiento que pretenda ser un «espejo de la realidad», en lo que Rorty no ve más que una simple metáfora o un efecto lingüístico. Pone también en cuestión la idea, dominante en el mundo anglosajón, según la cual la filosofía debería ser una «teoría del conocimiento» o una epistemología, cuya tarea sería explicar cómo nuestro conocimiento se relaciona con la realidad.

En sí misma, esta crítica al positivismo o al empirismo inherente a la epistemología anglosajona no es muy original. Había sido inaugurada por el pragmatismo de Quine y su denuncia de los «dogmas del empirismo», uno de los cuales es la referencia al mundo real, pero también por el trabajo del historiador de las ciencias Thomas Kuhn, que había mostrado, en su famosa obra *The Structure of Scientific Revolutions* (La estructura de las revoluciones científicas), 1962, que la aceptación de las teorías científicas debía mucho al lenguaje, a la retórica y a las creencias que no dependen tanto de la prueba científica como de los «paradigmas» vigentes, que definen las normas de la racionalidad científica en una época determinada.

La originalidad de Rorty reside en que se vale masivamente del pensamiento de Gadamer, hasta entonces poco conocido en el mundo anglosajón, pero sobre todo en su convicción según la cual la disciplina misma de la epistemología debe ser reemplazada por un pensamiento hermenéutico. El capítulo 7 lleva además el título: «De la epistemología a la hermenéutica». El error sería, no obstante, creer que la hermenéutica debe sustituir a la epistemología porque su concepción fuera más adecuada o más conforme a lo real. No, el interés de la hermenéutica está, según él, en renunciar a esta idea y proponer la idea de una cultura humana del todo distinta:

> No estoy presentando a la hermenéutica como «sucesora» de la epistemología, como una actividad que ocupe el vacío cultural ocupado en otros tiempos por la filosofía centrada epistemológicamente. En la interpretación que voy a presentar, «hermenéutica» no es el nombre de una disciplina, ni de un método de conseguir los resultados que la epistemología no consiguió obtener, ni de un programa de investigación. Por el contrario, la hermenéutica es una expresión de la esperanza de que el espacio cultural dejado por el abandono de la epistemología no llegue a llenarse; que nuestra cultura sea una cultura en la que ya no se siente la exigencia de constricción y confrontación.[1]

---

1. R. Rorty, *Philosophy and the Mirror of Nature*, Princeton (NJ), Princeton University Press, 1979, pág. 325 [trad. cast., *La filosofía y el espejo de la naturaleza*, Madrid, Cátedra, 1983, págs. 287 y 288].

A los ojos de Rorty, la hermenéutica no ofrece ningún método o una mejor manera de alcanzar la verdad; sólo nos enseña a vivir sin la idea de verdad, entendida como correspondencia con lo real. La búsqueda de la verdad puede entonces quedar reemplazada por una cultura que exalte ante todo los ideales de la edificación y la conversación. Rorty se ampara aquí en la idea del *Bildung* (formación) de *Verdad y método*. Gadamer la había evocado para mostrar que el saber de las ciencias del espíritu no era un saber metódico o distanciado de su objeto, sino un saber de formación del hombre, que implicaba una transformación de los agentes mismos. Rorty saca de ello consecuencias más relativistas:

> Gadamer comienza *Verdad y método* examinando el papel de la tradición humanista en la atribución de sentido a la idea de *Bildung* como algo que «no tiene fines fuera de sí mismo». Para dar sentido a esta idea, hace falta un sentido de la relatividad de los vocabularios descriptivos para los períodos, tradiciones y accidentes históricos. Esto es lo que hace la tradición humanista dentro de la educación, y no puede conseguir el adiestramiento en los resultados de las ciencias naturales.[2]

Siguiendo este ideal de formación, la tarea de la filosofía no es proponer descripciones más justas

2. *Ibid.*, pág. 328; *Philosophy*, pág. 362.

de la realidad, sino solamente promover la prosecución de la conversación entre los seres humanos. La razón está en que el conocimiento no conseguiría trascender el orden de la conversación y llegar de ese modo a un mundo de realidades o de esencias.

Aunque la obra de Rorty que pretendía llevar a cabo una transformación hermenéutica de la filosofía analítica ha contribuido ampliamente a conocer mejor el pensamiento hermenéutico en el mundo anglosajón –y éste es uno de sus méritos innegables–, la ha orientado en un sentido relativista del todo ajeno al pensamiento de Gadamer: ¡es difícil imaginar que un autor que da a su obra capital el título de *Verdad y método* quiera renunciar a la idea de verdad!

Rorty ha alabado de nuevo las virtudes de la hermenéutica tal como la entiende en una conferencia que pronunció el 12 de febrero de 2000 en Heidelberg, con ocasión de los cien años de Gadamer. Invocó entonces el adagio emblemático «el ser que puede ser comprendido es lenguaje», pero para darle un significado puramente «nominalista», que él caracteriza de la siguiente manera: «Quisiera definir el nominalismo como la tesis de que todas las entidades son de orden nominal, y todas las necesidades son *de dicto* [propias del discurso]. A lo que esta tesis apunta es a que ninguna descripción de un objeto acierta en mayor medida que otras con la naturaleza más propia del objeto en cuestión.»³ Así, «quienes defienden un nominalismo libre de contradicciones subrayarán que el éxito en la predicción y explicación que se alcanza con el vocabulario corpuscular no tiene ningún valor para su rango ontológico, y que, además, habría que abandonar el concepto de "rango ontológico"».

Este abandono de la ontología es también más bien ajeno a Gadamer. El título de la última parte de *Verdad y método* anuncia precisamente un «giro ontológico» de la hermenéutica a través del hilo conductor del lenguaje. El lenguaje no es para Gadamer algo que se antepone a modo de pantalla al ser, sino más bien al contrario, el elemento en el que el ser se revela. No se puede hablar aquí de nominalismo, porque el lenguaje es para Gadamer lenguaje de las cosas antes que serlo de nuestro pensamiento. Toda la crítica gadameriana a propósito del olvido del lenguaje en el pensamiento occidental apunta además a denunciar la concepción instrumentalista y nominalista que convierte el lenguaje en un instrumento del pensamiento soberano frente a lo real que, sin él, se vería privado de sentido. No obstante, lo que intenta re-

---

3. R. Rorty, «Being that can be understood is language», en *London Review of Books*, 16 marzo 2000, págs. 23-25 [trad. cast., «El ser que puede ser comprendido es lenguaje. Homenaje a Hans-Georg Gadamer», en VV.AA., *El ser que puede ser comprendido es lenguaje*, Madrid, Síntesis, 2003, pág. 45].

habilitar Rorty es, ni más ni menos, este nominalismo:

> Cada vez que comprendemos algo lo hacemos con ayuda de una descripción, y no hay descripciones privilegiadas. No hay ninguna posibilidad de salir fuera de nuestro lenguaje descriptivo y llegar hasta el objeto. Lo cual no se debe a las limitaciones de nuestras facultades, sino a que la distinción entre «para nosotros» y «en sí» es el resto que queda de un vocabulario –a saber, el vocabulario de la metafísica– cuya utilidad se perdió hace mucho tiempo.[4]

Aunque Rorty pretende invocar una nueva «cultura gadameriana», es difícil no reconocer aquí el apogeo del constructivismo moderno para el cual el mundo se reduce a la concepción que nos hagamos de él. Este nominalismo que comprende el lenguaje de una manera puramente instrumental es el que Gadamer critica con fuerza. El adagio «el ser que puede ser comprendido es lenguaje» no debe entenderse en Gadamer en sentido nominalista ni el ser debe reducirse a la descripción que hacemos de él, sino en un sentido ontológico: el ser mismo se dice mediante el lenguaje y este lenguaje del ser nos permite corregir las descripciones inadecuadas con las que a veces lo expresamos.

Si Rorty interpreta la hermenéutica de manera antiontológica y nominalista a un tiempo, Vattimo

---

4. *Ibid.*, [Trad. cast. *ibid.*, pág. 47].

saca de ella consecuencias no menos relativistas, pero que le llevan a defender la idea de una ontología nihilista.

## 2. *Vattimo: «en pro de» un nihilismo hermenéutico*

Vattimo habla de un modo totalmente positivo de la «vocación nihilista» de la hermenéutica. Esta tesis se acompaña en él de una crítica a Gadamer, que no hemos encontrado en Rorty. Estima, en efecto, que la hermenéutica no ha desarrollado por sí misma la ontología nihilista hacia la cual tiende ella en secreto. Sin esta ontología más radical y más coherente, la hermenéutica seguiría siendo ciertamente la *koiné* del pensamiento contemporáneo, pero una *koiné* demasiado ecuménica y sin mordiente real, que se limitaría a decir que todo es asunto de interpretación.[5] El sentido filosófico de la hermenéutica quedaría entonces diluido. Esta crítica procede tal cual de una lectura asidua de Heidegger y de Nietzsche, que habían hablado mucho de «nihilismo», cosa que no puede decirse de Gadamer. El nihilismo quiere decir aquí que no es posible decir nada del ser, pues toda verdad

5. G. Vattimo, «La vocación nihilista de la hermenéutica», en *Más allá de la interpretación*, Barcelona-Bellaterra, Paidós-ICE UAB, 1995, págs. 37-52.

depende de la interpretación, de la tradición y del lenguaje.

Una hermenéutica consecuente debería desembocar, según Vattimo, en una ontología nihilista: el ser no es nada en sí mismo; se reduce a nuestro lenguaje y a nuestras interpretaciones. Esta tesis se expone ciertamente a la objeción de no ser, también ella, más que una interpretación. ¿Cómo justificarla? Sólo podemos hacerlo, estima Vattimo, reconociendo que la hermenéutica pretende ser ella misma una respuesta a la historia del ser, interpretada como advenimiento del nihilismo. Llegamos a ver de esta manera en el «nihilismo» un «debilitamiento interminable del [discurso sobre el] ser»,[6] que habría caracterizado la historia de nuestra modernidad y que justificaría el título acertado de la hermenéutica como *koiné* universal. «La hermenéutica –dice Vattimo–, si quiere ser coherente con su rechazo de la metafísica, no puede sino presentarse como la interpretación filosófica más persuasiva de una situación, de una "época" y, por lo tanto, de una procedencia.» Al presentarse como el desenlace coherente de una historia y una procedencia, la hermenéutica justificaría su propia pretensión de universalidad.

Por tanto, el adagio de Gadamer, «el ser que puede ser comprendido es lenguaje» debe entenderse en un sentido radicalmente nihilista, próximo al que le daba Rorty. Esta frase, estima Vattimo, «no tiene

6. *Ibid.*, págs. 50 y 48.

simplemente el significado banal de identificar el campo de la comprensión con esta especie de ser que se presenta como lenguaje». Contra esta lectura demasiado débil, Vattimo propone «una lectura ontológica radical», la de la identificación del ser con el lenguaje, tesis que Gadamer no habría pensado hasta el final, pero que sería el único desenlace propiamente riguroso de su pensamiento.[7] Vistas así las cosas, el ser se encuentra atrapado por el lenguaje y la perspectiva que le contiene. Y aunque esta lectura se presenta como «posmoderna», es totalmente conforme al espíritu de la modernidad, que reconduce todo sentido a una subjetividad, con la única diferencia de que esta subjetividad se reconoce ahora como histórica.

Pero hermenéutica y ontología en Gadamer marchaban en sentido opuesto: el ser no está atrapado por el lenguaje, sino que es nuestro lenguaje lo que está atrapado por el ser, aunque el lenguaje es esencialmente la «luz» del ser mismo.

Para ver mejor la diferencia de las hermenéuticas, puede ser útil dirigir la atención al papel particular que han podido desempeñar autores como Nietzsche y Heidegger para los herederos posmodernos de Gadamer, tanto Vattimo como Rorty

---

7. G. Vattimo, «Histoire d'une virgule. Gadamer et le sens de l'être», en *Revue internationale de philosophie* 213, 2000, págs. 502 y 505 [trad. cast., «Historia de una coma. Gadamer y el sentido del ser», *Endoxa: Series Filosóficas* 20, 2005, págs. 45-62].

(aunque también Derrida). El Nietzsche que les importa a ellos es el que estipula que no existen hechos, sino sólo interpretaciones, y su heideggerianismo se inspira sobre todo en la última filosofía de Heidegger, que sostiene que nuestra comprensión está determinada de principio a fin por el marco englobante de la historia de ser, pensada como advenimiento del nihilismo. Los autores posmodernos han asociado espontáneamente esta perspectiva nietzscheana y heideggeriana al pensamiento de Gadamer, sobre todo a su crítica del objetivismo en las ciencias del espíritu y a su insistencia en el papel de los prejuicios y el carácter lingüístico de nuestra comprensión. Al poner en evidencia esos aspectos del pensamiento gadameriano, creyeron que la hermenéutica conducía al rechazo de la noción clásica de verdad, entendida como adecuación al ser.

Esta perspectiva nietzscheana les hizo no obstante perder de vista el alcance todavía ontológico de la hermenéutica. Para el pensamiento de Gadamer, Nietzsche no es en realidad un aliado, sino alguien que ha llevado a su culminación el nominalismo del pensamiento moderno que reduce el ser a lo que significa para el pensamiento o la voluntad, mientras que el lenguaje no es más que un instrumento del sujeto. En un contexto así en que todo depende del sujeto, está claro que no hay verdad objetiva ni valores apremiantes. Pero esta ausencia de valor y de verdad sólo se sostiene, observa Gadamer, si nos quedamos dentro del marco del pensamiento moderno, para el cual el mundo carece de significado y orden sin la subjetividad dadora de sentido. Pero es precisamente esta idea de un sujeto soberano que se enfrentaría a un mundo sin forma y que de antemano se presume privado de sentido lo que la hermenéutica permite poner en cuestión. La hermenéutica nos ayuda de este modo a redescubrir el ser y a superar el nihilismo.

# Conclusión

## *Los rostros de la universalidad de la hermenéutica*

Si la hermenéutica representa la *koiné* de nuestro tiempo, lo hace ofreciendo un rostro con más contrastes de lo que con frecuencia se ha creído. En cuanto filosofía, la hermenéutica pretende poner el dedo sobre un componente universal de nuestra experiencia del mundo, pero esta universalidad puede comprenderse de muy distintas maneras. Podemos observarlo partiendo del adagio más elemental que expresa esta universalidad: «todo es asunto de interpretación». Los diferentes sentidos que podemos darle a esta fórmula pueden asociarse a los grandes representantes de la hermenéutica, pero también a los «hermeneutas anónimos», que defienden esta tesis pero sin remitirse ellos a la tradición hermenéutica. Veremos que cada una de estas diversas interpretaciones tiene consecuencias para la concepción de la verdad:

1) La fórmula «todo es asunto de interpretación» puede primeramente leerse en un sentido *nietzscheano*, el de un *perspectivismo de la voluntad de*

*poder*, idea que habían anticipado ciertamente los sofistas del tiempo de Platón: «no hay hechos, sólo interpretaciones». En un contexto así, no hay ciertamente verdad, entendida como adecuación a la cosa, al no ser más, añade malévolamente Nietzsche, que «esta especie de error sin el que una especie de seres bien determinados no podría vivir». Lo que se considera verdad no es sino una perspectiva, entre otras, secretamente dictada por una voluntad de poder que busca imponerse.

La dificultad de esta teoría perspectivista es que a ciencia cierta hay hechos, errores y aberraciones. Es un hecho probado, y no una interpretación, que París (y no Marsella) es la capital de Francia, que una molécula de agua se compone de un átomo de oxígeno y de dos (y no tres) átomos de hidrógeno, y que yo no he estado jamás en Plutón.

2) El perspectivismo puede ser comprendido en un sentido más *epistemológico:* la tesis quiere entonces decir que no hay conocimiento del mundo sin esquema previo, sin «paradigma» de interpretación (según la tesis de Thomas Kuhn en *La estructura de las revoluciones científicas*).[1] Según Kuhn, toda cien-

---

1. En 1962, Kuhn ignoraba totalmente la tradición hermenéutica, pero la evoca con asentimiento en su último libro, *The Essential Tension: Selected Studies in Scientific Tradition and Change* , Chicago, etc., University of Chicago Press, 1977 [trad. cast., *La tensión esencial: estudios selectos sobre la tradición y el cambio en el ámbito de la ciencia*, Madrid, etc., Fondo de Cultura Económica, 1982].

cia opera a partir de representaciones generales del mundo que recortan un marco de inteligibilidad y de coherencia en cuyo interior es posible distinguir la verdad de la falsedad. Pero el marco mismo es variable y está sujeto a revoluciones científicas que acaban alterando los parámetros recibidos. Un paradigma consigue entonces sustituir a otro. La verdad es aquí concebible, pero depende de un paradigma determinado (teniendo siempre en cuenta que la cuestión de la verdad de los paradigmas en sí mismos es objeto de discusión en epistemología).

3) La tesis «todo es interpretación» puede recibir un sentido más habitualmente *histórico:* toda interpretación es hija de su tiempo. Esta visión corresponde a lo que podemos llamar historicismo. El historicismo que la hermenéutica clásica y metodológica (Dilthey) intentaba las más de las veces refrenar, pero que el relativismo posmoderno saluda a menudo como una liberación: la razón está en que nos liberaría de la concepción de la verdad como adecuación, al no ser más que una «perspectiva útil». En régimen historicista, la verdad sigue siendo posible, pero interpretar la verdad de un fenómeno quiere decir que se le comprende a partir de su contexto. Una verdad no contextual parece excluida.

4) El adagio puede entenderse de una manera más *ideológica:* significa entonces que toda visión del mundo estaría dirigida por intereses más o menos confesados. Hay que pensar aquí en Marx, Freud, en la crítica de las ideologías y en todos aquellos que

Ricœur llama maestros de la sospecha. Esta sospecha da origen a una hermenéutica de las profundidades que enarbola una poderosa pretensión de verdad, pero que permanece un poco ideal, o incluso escatológica: no sólo permanece ella patrimonio del teórico (iniciado, él sí, en la verdad última de los fenómenos), sino que su «objeto» sólo podrá conocer plenamente esa verdad tras liberarse de la ideología que deforma actualmente su conciencia. Es la verdad ideal que el teórico anticipa cuando critica el estado de cosas de una sociedad o de una conciencia.

Éstas son las formas del todo actuales y pertinentes de la ubicuidad hermenéutica, pero los principales representantes de la tradición hermenéutica han defendido concepciones más precisas de esta universalidad:

5) Para Heidegger, la universalidad de la hermenéutica entraña sobre todo un sentido *existencial:* el hombre, un interrogante para sí mismo, es de entrada un ser destinado a la interpretación. Necesita la interpretación y vive desde siempre sumido en interpretaciones, pero que no obstante puede elucidar. Esta dramatización algo agustiniana de la hermenéutica la convierte en una filosofía universal de la «facticidad» humana que intenta sacar esta última del olvido de sí en que se abisma tan de ordinario. Aquí la verdad-correspondencia ciertamente se mantiene. Heidegger subraya además que la primera tarea de la interpretación es elaborar sus

proyectos de comprensión en las cosas mismas. Pero esto quiere decir que es posible esbozar proyectos que sean conformes a lo que puede ser la existencia cuando se asume a sí misma. Si hay que destruir las «malas» interpretaciones, aquellas que son inadecuadas o encubridoras porque nos alejan de nuestra finitud, hay que hacerlo por tanto desde la perspectiva de un ideal de autenticidad.

6) Para un autor como Gadamer, lo mismo que para muchos otros, la universalidad de la hermenéutica debe ser entendida sobre todo en un sentido *lingüístico:* toda interpretación, toda relación con el mundo, presupone el elemento del lenguaje, habida cuenta que la realización y el objeto de la comprensión son necesariamente lingüísticos. En este universo, la verdad-correspondencia también es posible, pero se trata siempre de una adecuación al lenguaje de las cosas mismas. De este modo es posible revisar nuestras interpretaciones confrontándolas con lo que *dicen* las cosas mismas, con su lenguaje, por tanto. Esta manera de hablar es menos curiosa de lo que pueda parecer. Si podemos decir que la tesis «el Sol gira alrededor de la Tierra» es falsa, es porque refuta lo que la realidad misma «dice», su «evidencia». Y así, una concepción científica o filosófica puede siempre ser refutada por una comprensión más adecuada que se remite al lenguaje de la realidad misma, a la evidencia de las cosas, por más que ésta se nos muestra sólo a través del lenguaje. Este lenguaje es primero para Gadamer el de

las cosas mismas más que ser el de nuestro espíritu (que lo recibe más bien de las cosas).

Esta concepción de la universalidad del lenguaje no es la única defendida en hermenéutica.

7) La tesis más difundida es sin duda la que va en sentido *posmoderno* (y sumamente moderna, para el caso), que ve ante todo en el lenguaje una «formalización» de lo «real», esquematización que haría caduca la idea misma de una realidad a la que podrían conformarse nuestras interpretaciones (aunque la realidad está ya ella misma «constituida» por nuestras interpretaciones). Esta tesis posmoderna se funda ordinariamente en los sentidos perspectivista, cognitivo, histórico, ideológico, existencial y lingüístico, que acabamos de nombrar, y en cada caso para impugnar la idea, que se juzga quimérica, de una adecuación a la realidad. Podemos asociar esta hermenéutica con el perspectivismo de la voluntad de poder antes evocada (1), pero el pensamiento posmoderno se caracteriza por su idea de que el sentido estaría circunscrito en un marco interpretativo englobante, más o menos rígido, que proviene ya sea de la historia de la «metafísica» (Derrida), como de la *epistéme* general de una época (Foucault), de la tradición (Vattimo) o del marco de utilidad general que determina nuestra cultura (Rorty). Tampoco aquí hay adecuación que no sea en el marco de un orden dado, pero la eliminación de toda referencia extralingüística añade una nueva tolerancia dentro de la pluralidad de las interpretaciones. Aun-

que esta generosidad es bastante loable, la disolución de la noción de verdad, no obstante, se muestra especialmente fatal para esta concepción de la hermenéutica: ¿por qué esa teoría será más verdadera que esa otra?

Pero si la hermenéutica es verdaderamente universal, lo es, primero, porque somos seres que, para empezar, vivimos en el elemento infranqueable del sentido, de un sentido que nos esforzamos en comprender y que nosotros presuponemos consecuencia necesariamente. Pero este sentido es siempre el de las cosas mismas, de lo que ellas quieren decir, un sentido que sobrepasa ciertamente nuestras pobres interpretaciones y el horizonte, limitado, pero, a Dios gracias, siempre extensible de nuestro lenguaje.[2]

---

2. Es precisamente la hermenéutica que yo, modestamente, he intentado desarrollar en mis trabajos, sobre todo en *L'universalité de l'herméneutique* (1993), donde el objeto de la hermenéutica se comprende a partir de la idea de un sentido interior, inagotable, que buscamos interpretar a través de sus expresiones externas, y en *Du sens de la vie* (Montreal, Bellarmin, 2003 [trad. cast., *Del sentido de la vida*, Barcelona, Herder, 2005]), donde explico que el sentido que intentamos comprender es ante todo el de la vida misma.

# Bibliografía

AGUSTÍN, *Sobre la doctrina cristiana* (*Obras*, vol. XV), Madrid, Biblioteca de Autores Cristianos, 1957.

BULTMANN R., «Le problème de l'herméneutique» (1950), en *Foi et compréhension*, París, Éd. du Seuil, 1970, págs. 599-626.

DERRIDA J., *L'écriture et la différence*, París, Éd. du Seuil, 1967 [trad. cast., *La escritura y la diferencia*, Barcelona, Anthropos, 1989, pág. 383]; «Questions à Gadamer», en *Revue internationale de philosophie* 151, 1984, págs. 341-343; *Béliers*, París, Galilée, 2003.

DILTHEY W., «Origines et développement de l'herméneutique» (1900), en *Le monde de l'esprit*, París, Aubier, 1947, L 1, 313-340 [edición original:
*Die Geistige Welt: Enleitung in die Philosophie des Lebens. Erste Hälfte, Abhandlungen zur Grundlegung der Geisteswissenschaften*, Stuttgart etc., Teubner, $^8$1990; *L'édification du mon-*

*de historique dans les sciences de l'esprit,* París, Le Cerf, 1988 [trad. cast., *El mundo histórico,* México, Fondo de Cultura Económica, 1944].

GADAMER H.-G., *Verdad y método. Fundamentos de una hermenéutica filosófica* (1960), Salamanca, Sígueme, 1977; *Verdad y método* II, Salamanca, Sígueme, 1992, 2006; *L'art de comprendre. Écrits* I, París, Aubier, 1982; *Écrits* II, París, Aubier, 1991; *Langage et vérité,* París, Gallimard, 1995; *La philosophie herméneutique,* París, PUF, 1996; *Herméneutique et philosophie,* Beauchesne, 1999; *Los caminos de Heidegger,* Barcelona, Herder, 2002; *Esquisses herméneutiques* (2000), París, Vrin, 2004; *Hermenéutica de la modernidad.* Conversaciones con Silvio Vietta, Madrid, Trotta, 2004; *El giro hermenéutico,* Madrid, Cátedra, 1998, 2007.

GREISCH J., *Herméneutique et grammatologie,* París, Éd. du CNRS, 1977; *Paul Ricœur. L'itinérance du sens,* Grenoble, Millon, 2001; *Le cogito herméneutique,* París, Vrin, 2003.

GRONDIN J., *L'universalité de l'herméneutique,* París, PUF, 1993; *L'horizon herméneutique de la pensée contemporaine,* París, Vrin, 1993; *Einführung in die philosophische Hermeneutik*, Darmstatt, Wissenschaftliche Buchgesellschaft, 1991 [trad. cast., *Introducción a la hermenéutica filosófica,* Barcelona, Herder, 1999]; *Introduction à Hans-Georg Gadamer,* París, Le Cerf, 1999 [trad. cast., *Introducción a Gadamer,* Barcelona, Herder, 2003]; *Le tournant herméneutique de la phénoménologie*, París, PUF, 2003; *Du sens de la vie*, Quebec, Bellarmin, 2003 [trad. cast., *Del sentido de la vida. Un ensayo filosófico*, Barcelona, Herder, 2005].

HABERMAS J., «Hermenéutica», en *La lógica de las ciencias sociales* (1970), Madrid, Tecnos, págs. 79-306.

HEIDEGGER M., *Ser y tiempo* (1927), Santiago de Chile, Editorial Universitaria, 1997; *De camino al habla* (1959), Barcelona, Ediciones del Serbal, 1987, 2002.

RICŒUR P., *Philosophie de la volonté*, vol. II: *Finitude et culpabilité*, París, Aubier, 1960 [trad. cast., *Finitud y culpabilidad*, Madrid, Taunus, 1982]; *De l'interprétation. Essai sur Freud*, París, Éd. du Seuil, 1965 [trad. cast., *Freud; una interpretación de la cultura*, México, Siglo XXI, 1970]; *Le conflit des interprétations*, París, Éd. du Seuil, 1969 [trad. cast., *El conflicto de las interpretaciones*, 3 vols.: I. *Hermenéutica y psicoanálisis*; II. *Hermenéutica y estructuralismo*; III. *Introducción a la simbólica del mal*, Buenos Aires, Ed. Megápolis, 1975ss]; *La métaphore vive*, París, Éd. du Seuil, 1975 [trad. cast., *La metáfora viva*, Madrid, Cristiandad, 1980; Madrid, Europa, 1980; Madrid, Trotta, ²2001]; *Temps et récit*, 3 vols., París, Éd. du Seuil, 1982-1985 [trad. cast., *Tiempo y narración*, 3 vols.: I. *Configuración del tiempo en el relato histórico*; II. *Con-*

*figuración del tiempo en el relato de ficción;* III. *El tiempo narrado,* México, Siglo XXI, ³2000-2003]; *Du texte à l'action,* París, Éd. du Seuil, 1986 [trad. cast., *Del texto a la acción: ensayos de hermenéutica II,* Buenos Aires, etc., Fondo de Cultura Económica, 2001]; *Soi-même comme un autre,* París, Éd. du Seuil, 1990 [trad. cast., *Sí mismo como otro,* México, Siglo XXI de España Editores, 1996]; *Réflexion faite. Autobiographie intellectuelle,* París, Esprit, 1995 [trad. cast., *Autobiografía intelectual,* Buenos Aires, Nueva Visión, 1997]; *La mémoire, l'histoire, l'oubli,* París, Éd. du Seuil, 2000 [trad. cast., *La memoria, la historia, el olvido,* Madrid, Trotta, 2003]; *Parcours de la reconnaissance,* París, Stock, 2004 [trad. cast., *Caminos del reconocimiento,* Madrid, Trotta, 2005].

RORTY R., *Philosophy and the Mirror of Nature,* Princeton, Princeton University Press, 1979 [trad. cast., *La filosofía y el espejo de la naturaleza,* Madrid, Cátedra, 1983]; «Being that can be understood is language», en *London Review of Books,* 16 marzo 2000, págs. 23-25 [trad. cast., «El ser que puede ser comprendido es lenguaje. Para Hans-Georg Gadamer en su centenario», en VV.AA., *El ser que puede ser comprendido es lenguaje,* Madrid, Síntesis, 2003].

SCHLEIERMACHER F., *Herméneutique,* Ginebra, Labor & Fides, 1988; París, Le Cerf, 1989.

Vattimo G., *La Fine della modernità. Nichilismo ed ermeneutica nella cultura post-moderna*, Milán, Garzanti, 1985 [trad. cast., *El fin de la modernidad. Nihilismo y hermenéutica en la cultura posmoderna*, Barcelona, Gedisa, 1997; *Etica dell'interpretazione*, Rosenberg & Selliger, Turín, 1989 [trad. cast., *Ética de la interpretación*, Barcelona, Paidós, 1991]; *Oltre l'interpretazione*, Roma-Bari, Laterza, 1994 [trad. cast., *Más allá de la interpretación*, Barcelona, Paidós ICE-UAB, 1995.